A Revolução Sul-Africana

FUNDAÇÃO EDITORA DA UNESP

Presidente do Conselho Curador
Mário Sérgio Vasconcelos

Diretor-Presidente
Jézio Hernani Bomfim Gutierre

Superintendente Administrativo e Financeiro
William de Souza Agostinho

Conselho Editorial Acadêmico
Danilo Rothberg
Luis Fernando Ayerbe
Marcelo Takeshi Yamashita
Maria Cristina Pereira Lima
Milton Terumitsu Sogabe
Newton La Scala Júnior
Pedro Angelo Pagni
Renata Junqueira de Souza
Sandra Aparecida Ferreira
Valéria dos Santos Guimarães

Editores-Adjuntos
Anderson Nobara
Leandro Rodrigues

Analúcia Danilevicz Pereira

A Revolução Sul-Africana
Classe ou raça, revolução social ou libertação nacional?

Coleção Revoluções do Século 20
Direção de Emília Viotti da Costa

© 2012 Editora Unesp

Direitos de publicação reservados à:
Fundação Editora da Unesp (FEU)
Praça da Sé, 108
01001-900 – São Paulo – SP
Tel.: (0xx11) 3242-7171
Fax: (0xx11) 3242-7172
www.editoraunesp.com.br
www.livrariaunesp.com.br
feu@editora.unesp.br

CIP – Brasil. Catalogação na fonte
Sindicato Nacional dos Editores de Livros, RJ

P489r

Pereira, Analúcia Danilevicz
  A revolução sul-africana: classe ou raça, revolução social ou libertação nacional? / Analúcia Danilevicz Pereira; direção [da coleção] de Emília Viotti da Costa. – São Paulo: Editora Unesp, 2012.
  174p.: il. (Revoluções do século 20)
  ISBN 978-85-393-0264-2

  1. África do Sul – História. 2. África do Sul – Política e governo. 3. Apartheid – África do Sul. II. Título. III. Série.

12-5093.	CDD: 968
	CDU: 94(68)

Editora afiliada:

Asociación de Editoriales Universitarias
de América Latina y el Caribe

Associação Brasileira de
Editoras Universitárias

Apresentação da coleção

O século XIX foi o século das revoluções liberais; o XX, o das revoluções socialistas. Que nos reservará o século XXI? Há quem diga que a era das revoluções está encerrada, que o mito da Revolução que governou a vida dos homens desde o século XVIII já não serve como guia no presente. Até mesmo entre pessoas de esquerda, que têm sido através do tempo os defensores das ideias revolucionárias, ouve-se dizer que os movimentos sociais vieram substituir as revoluções. Diante do monopólio da violência pelos governos e do custo crescente dos armamentos bélicos, parece a muitos ser quase impossível repetir os feitos da era das barricadas.

Por toda parte, no entanto, de Seattle a Porto Alegre ou Mumbai, há sinais de que hoje, como no passado, há jovens que não estão dispostos a aceitar o mundo tal como se configura em nossos dias. Mas quaisquer que sejam as formas de lutas escolhidas é preciso conhecer as experiências revolucionárias do passado. Como se tem dito e repetido, quem não aprende dos erros do passado está fadado a repeti-los. Existe, contudo, entre as gerações mais jovens, uma profunda ignorância desses acontecimentos tão fundamentais para a compreensão do passado e a construção do futuro. Foi com essa ideia em mente que a Editora Unesp decidiu publicar esta coleção. Esperamos que os livros venham a servir de leitura complementar aos estudantes da escola média, universitários e ao público em geral.

Os autores foram recrutados entre historiadores, cientistas sociais e jornalistas, norte-americanos e brasileiros, de posições políticas diversas, cobrindo um espectro que vai do centro até a esquerda. Essa variedade de posições foi conscientemente buscada. O que perdemos, talvez, em consistência, esperamos ganhar na diversidade de interpretações que convidam à reflexão e ao diálogo.

Para entender as revoluções no século XX, é preciso colocá-las no contexto dos movimentos revolucionários que se desencadearam a partir da segunda metade do século XVIII, resultando na destruição final do Antigo Sistema Colonial e do Antigo Regime. Apesar das profundas diferenças, as revoluções posteriores procuraram levar a cabo um projeto de democracia que se perdeu nas abstrações e contradições da Revolução de 1789, e que se tornou o centro das lutas do povo a partir de então. De fato, o século XIX assistiu a uma sucessão de revoluções inspiradas na luta pela independência das colônias inglesas na América e na Revolução Francesa.

Em 4 de julho de 1776, as treze colônias que vieram inicialmente a constituir os Estados Unidos da América declaravam sua independência e justificavam a ruptura do Pacto Colonial. Em palavras candentes e profundamente subversivas para a época, afirmavam a igualdade dos homens e apregoavam como seus direitos inalienáveis: o direito à vida, à liberdade e à busca da felicidade. Afirmavam que o poder dos governantes, aos quais cabia a defesa daqueles direitos, derivava dos governados. Portanto, cabia a estes derrubar o governante quando ele deixasse de cumprir sua função de defensor dos direitos e resvalasse para o despotismo.

Esses conceitos revolucionários que ecoavam o Iluminismo foram retomados com maior vigor e amplitude treze anos mais tarde, em 1789, na França. Se a Declaração de Independência das colônias americanas ameaçava o sistema colonial, a Revolução Francesa viria pôr em questão todo o Antigo Regime, a ordem social que o amparava, os privilégios da aristocracia, o sistema de monopólios, o absolutismo real, o poder divino dos reis.

Não por acaso, a Declaração dos Direitos do Homem e do Cidadão, aprovada pela Assembleia Nacional da França, foi redigida pelo marquês de La Fayette, francês que participara das lutas pela independência das colônias americanas. Este contara com a colaboração de Thomas Jefferson, que se encontrava na França, na ocasião como enviado do governo americano. A Declaração afirmava a igualdade dos homens perante a lei. Definia como seus direitos inalienáveis a liberdade, a propriedade, a segurança e a resistência à opressão, sendo a preservação desses direitos o objetivo de toda associação política. Estabelecia que ninguém poderia ser privado de sua propriedade, exceto em casos de evidente necessidade pública legalmente comprovada, e desde que fosse prévia e justamente indenizado. Afirmava ainda a soberania da nação e a supremacia da lei. Esta era definida como expressão da vontade geral e deveria ser igual para todos. Garantia a liberdade de expressão, de ideias e de religião, ficando o indivíduo responsável pelos abusos dessa liberdade, de acordo com a lei. Estabelecia um imposto aplicável a todos, proporcionalmente aos meios de cada um. Conferia aos cidadãos o direito de, pessoalmente ou por intermédio de seus representantes, participar na elaboração dos orçamentos, ficando os agentes públicos obrigados a prestar contas de sua administração. Afirmava ainda a separação dos poderes.

Essas declarações, que definem bem a extensão e os limites do pensamento liberal, reverberaram em várias partes da Europa e da América, derrubando regimes monárquicos absolutistas, implantando sistemas liberal-democráticos de vários matizes, estabelecendo a igualdade de todos perante a lei, adotando a divisão dos poderes (legislativo, executivo e judiciário), forjando nacionalidades e contribuindo para a emancipação dos escravos e a independência das colônias latino-americanas.

O desenvolvimento da indústria e do comércio, a revolução nos meios de transporte, os progressos tecnológicos, o processo de urbanização, a formação de uma nova classe social – o proletariado – e a expansão imperialista dos países europeus na África e na Ásia geravam deslocamentos, conflitos sociais e guerras em várias partes do mundo. Por toda a parte os grupos excluídos defrontavam-se com novas oligarquias que não atendiam às suas necessidades e não respondiam aos seus anseios. Estes extravasavam em lutas visando tornar mais efetiva a promessa democrática que a acumulação de riquezas e poder nas mãos de alguns, em detrimento da grande maioria, demonstrara ser cada vez mais fictícia.

A igualdade jurídica não encontrava correspondência na prática; a liberdade sem a igualdade transformava-se em mito; os governos representativos representavam apenas uma minoria, pois a grande maioria do povo não tinha representação de fato. Um após outro, os ideais presentes na Declaração dos Direitos do Homem foram revelando seu caráter ilusório. A resposta não se fez tardar.

Ideias socialistas, anarquistas, sindicalistas, comunistas ou simplesmente reformistas apareceram como críticas ao mundo criado pelo capitalismo e pela liberal-democracia. As primeiras denúncias ao novo sistema surgiram contemporaneamente à Revolução Francesa. Nessa época, as críticas ficaram restritas a uns poucos revolucionários mais radicais, como Gracchus Babeuf. No decorrer da primeira metade do século XIX, condenações da ordem social e política criada a partir da Restauração dos Bourbon na França fizeram-se ouvir nas obras dos chamados socialistas utópicos como Charles Fourier (1772-1837), o conde de Saint-Simon (1760-1825), Pierre Joseph Proudhon (1809-1865), o abade Lamennais (1782-1854), Étienne Cabet (1788-1856), Louis Blanc (1812-1882), entre outros. Na Inglaterra, Karl Marx (1818-1883) e seu companheiro Friedrich Engels (1820-1895) lançavam-se na crítica sistemática ao capitalismo e à democracia burguesa, e viam na luta de classes o motor da história e, no proletariado, a força capaz de promover a revolução social. Em 1848, vinha à luz o *Manifesto comunista*, conclamando os proletários do mundo a se unirem.

Em 1864, criava-se a Primeira Internacional dos Trabalhadores. Três anos mais tarde, Marx publicava o primeiro volume de *O capital*. Enquanto isso, sindicalistas, reformistas e cooperativistas de toda espécie, como Robert Owen, tentavam humanizar o capitalismo. Na França, o contingente de radicais aumentara bastante, e propostas radicais começaram a mobilizar um maior número de pessoas entre as populações urbanas. Os socialistas, derrotados em 1848, vieram a assumir a liderança por um breve período na Comuna de Paris, em 1871, quando foram novamente vencidos. Apesar de suas derrotas e múltiplas divergências entre os militantes, o socialismo foi ganhando adeptos em várias partes do mundo. Em 1873, dissolvia-se a Primeira Internacional. Marx veio a falecer dez anos mais tarde, mas sua obra continuou a exercer poderosa influência. O segundo volume de *O capital* saiu em 1885, dois anos após sua morte, e o terceiro, em 1894. Uma nova Internacional foi fundada em 1889. O movimento em favor de uma mudança radical ganhava um número cada vez maior de participantes, em várias partes do mundo, culminando na Revolução Russa de 1917, que deu início a uma nova era.

No início do século XX, o ciclo das revoluções liberais parecia definitivamente encerrado. O processo revolucionário, agora sob inspiração de socialistas e comunistas, transcendia as fronteiras da Europa e da América para assumir caráter mais universal. Na África, na Ásia, na Europa e na América, o caminho seguido pela União Soviética alarmou alguns e serviu de inspiração a outros, provocando debates e confrontos internos e externos que marcaram a história do século XX, envolvendo a todos. A Revolução Chinesa, em 1949, e a Cubana, dez anos mais tarde, ampliaram o bloco socialista e forneceram novos modelos para revolucionários em várias partes do mundo.

Desde então, milhares de pessoas pereceram nos conflitos entre o mundo capitalista e o mundo socialista. Em ambos os lados, a historiografia foi profundamente afetada pelas paixões políticas suscitadas pela guerra fria e deturpada pela propaganda. Agora, com o fim da guerra fria, o desaparecimento da União Soviética e a participação da China em instituições até recentemente controladas pelos países capitalistas, talvez seja possível dar início a uma reavaliação mais serena desses acontecimentos.

Esperamos que a leitura dos livros desta coleção seja, para os leitores, o primeiro passo numa longa caminhada em busca de um futuro em que liberdade e igualdade sejam compatíveis e a democracia seja a sua expressão.

Emília Viotti da Costa

Sumário

Lista de siglas e abreviaturas *19*

Introdução *23*

1. Um colonialismo peculiar, segregação e resistência (1620-1960) *31*

2. Protesto, luta armada e repressão (1960-1976) *71*

3. O ápice do confronto: violência, negociações e transição (1976-1994) *107*

4. A "nova" África do Sul: o CNA e o poder pactuado (1994-2011) *139*

5. Os problemas legados pelo apartheid e a permanência de sua estrutura social *163*

Referências bibliográficas *171*

Gostaria de agradecer ao professor Paulo Fagundes Visentini não apenas pela leitura atenta dos originais e suas importantes considerações, mas por ter ensinado sobre a complexa África do Sul que tentei apresentar neste livro (eventuais equívocos são de responsabilidade exclusiva da autora). Gostaria de agradecer, também, à Luisa Calvete Portela Barbosa, ex-aluna, bacharel em Relações Internacionais, pelo importante auxílio à pesquisa de parte do material utilizado neste trabalho.

O povo deve governar.
Todos os grupos nacionais terão direitos iguais.
O povo deve partilhar da riqueza da nação.
A terra deve ser compartilhada por aqueles que nela trabalham.
Todos serão iguais perante a lei.
Todos gozarão de igualdade de direitos humanos.
Haverá trabalho e segurança para todos.
As portas do conhecimento e da cultura devem ser abertas.
Haverá casas, segurança e conforto.
Haverá paz e amizade.

A Carta da Liberdade, 1955.

A África do Sul foi conquistada pela força e é hoje governada pela força. Nos momentos em que a autocracia branca se sente ameaçada, não hesita em fazer uso das armas. Quando as armas não são utilizadas, o terror legal e administrativo, o medo, as pressões econômicas e sociais, a complacência e a confusão geradas pela propaganda e pela "educação" são os expedientes a que recorre para tentar sofrear a oposição do povo. Por detrás desses expedientes paira a força. Quer como reserva quer de fato empregue, a força está sempre presente, e tem sido sempre assim desde que o homem branco chegou à África.

Estratégia e Tática do Congresso Nacional Africano, 1969.

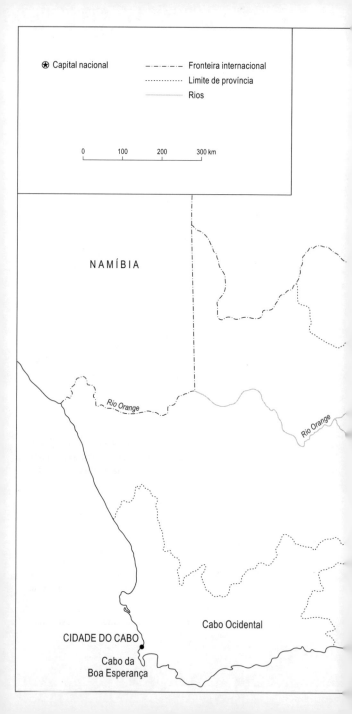

Lista de siglas e abreviaturas

APLA	Azanian People's Liberation Army [Exército de Libertação do Povo de Azânia]
Armscor	Armaments Development and Production Corporation [Corporação para Desenvolvimento e Produção de Armamentos][1]
AU	African Union [União Africana]
Azapo	Azanian People's Organization [Organização do Povo de Azânia]
BAABs	Bantu Affairs Administration Boards [Conselhos de Administração para Assuntos Bantu]
BAD	Bantu Affairs Department [Departamento de Assuntos Bantu]
BSL-*states*	Botsuana, Suazilândia e Lesoto
CEE	Comunidade Econômica Europeia
CNA	Congresso Nacional Africano
CODESA	Convention for a Democratic South Africa [Convenção para uma África do Sul Democrática]
CONSAS	Constellation of Southern African States [Constelação de Estados da África Austral]
Cosatu	Congress of South African Trade Union [Congresso Sul-Africano de Sindicatos]
FMI	Fundo Monetário Internacional
FNLA	Frente Nacional de Libertação de Angola
Frelimo	Frente de Libertação de Moçambique

---

[1] Posteriormente denominada Armaments Corporation of South Africa [Corporação de Armamentos da África do Sul].

GEAR	Growth, Employment and Redistribution [Crescimento, Emprego e Redistribuição]
GNU	Government of National Unity [Governo de Unidade Nacional]
IBAS	Fórum de Diálogo Índia, Brasil e África do Sul
JRC	Justice and Reconciliation Commission [Comissão de Justiça e Reconciliação]
MK	Umkhonto we Sizwe ["Lança da Nação"]
MPLA	Movimento Popular de Libertação de Angola
NAD	Native Affairs Department [Departamento de Assuntos Nativos]
NEPAD	New Partnership for Africa's Development [Nova Parceria para o Desenvolvimento da África]
ONGs	Organizações Não Governamentais
ONU	Organização das Nações Unidas
Opep	Organização dos Países Exportadores de Petróleo
Otan	Organização do Tratado do Atlântico Norte
OUA	Organização da Unidade Africana
PAC	Pan Africanist Congress [Congresso Pan-Africanista]
PIB	Produto Interno Bruto
RDP	Reconstruction and Development Programme [Programa de Reconstrução e Desenvolvimento]
Renamo	Resistência Nacional Moçambicana
SACP	South African Communist Party [Partido Comunista Sul-Africano]
SACU	Southern African Customs Union [União Aduaneira Sul-Africana]
SADC	Southern Africa Development Community [Comunidade para o Desenvolvimento da África Austral]
SADCC	Southern Africa Development Coordination Conference [Conferência para Coordenação e Desenvolvimento da África Austral]
SADF	South African Defence Force [Força de Defesa Sul-Africana]

SANDF	South African National Defence Force [Força de Defesa Nacional Sul-Africana]
SASO	South African Students Organization [Organização dos Estudantes Sul-Africanos]
Soweto	South West Township [Cidades do Sudoeste]
SWAPO	South West Africa People's Organization [Organização Popular do Sudoeste Africano]
TNP	Tratado de Não Proliferação Nuclear
TRC	Truth and Reconciliation Commission [Comissão da Verdade e Reconciliação]
UDF	United Democratic Front [Frente Democrática Unida]
Unita	União Nacional para a Independência Total de Angola
ZANU	Zimbabwe African National Union [União Nacional Africana do Zimbábue]
ZAPU	Zimbabwe African People's Union [União Popular Africana do Zimbábue]
ZIPRA	Zimbabwe Independent People's Revolutionary Army [Exército Revolucionário do Povo do Zimbábue Independente]

Introdução

Pensar a África do Sul significa considerar que a economia desse país foi marcada pela escravidão e servidão por 250 anos e pela discriminação e exploração por outros 100 anos. Com cumplicidade internacional, o poder político, econômico e militar dos brancos determinou o destino da sociedade sul-africana desde a segunda metade do século XVII até o final do século XX, e parece continuar a determiná-lo ainda nos dias atuais, pois os negros sul-africanos, mesmo após duas décadas no poder, são ainda constrangidos a respeitar os privilégios de uma minoria branca.

Desde as primeiras iniciativas de reconhecimento da região pelos portugueses, passando pelas colonizações holandesa e britânica, a vida dos povos sul-africanos esteve sempre atrelada aos interesses europeus. O exclusivo controle dos brancos sobre as riquezas do país e o monopólio dos meios de produção essenciais se converteram na base de seu poder político e caracterizaram a longa história de desigualdade do país. Assim, podemos dizer que a Revolução Sul-Africana, intensificada na década de 1960, foi uma resposta ao governo de uma minoria que se apoiava em um sistema de discriminação único e brutal e fundamentava-se em uma estrutura socioeconômica alicerçada no conceito de raça: o apartheid.

O regime do apartheid, implantado em 1948, sobrepujou o sistema de escravidão e servidão organizado pelos europeus desde a segunda metade do século XVII e o transformou em um sistema de discriminação e exploração. Em nenhuma outra parte do mundo a esmagadora maioria da população, por questão de origem étnica, havia estado condenada ao usufruto de parcela tão insignificante da riqueza nacional. Se a essência desse regime de "separação racial" pudesse ser traduzida apenas por uma vivência cotidiana e sectária entre brancos e negros, as condições para desestruturá-lo seriam mais favoráveis. Mas o apartheid foi muito mais que isso. O regime estabeleceu, com base na força militar e policial, um sistema de opressão generalizada em relação à maioria negra, criando barreiras permanentes que impediram o acesso dos negros à propriedade, a profissões mais qualificadas, à habitação nos complexos urbanos, ao estudo nas universidades "abertas", à vida cultural e intelectual e a qualquer direito político. Foi, então, a partir da experiência real e cotidiana do apartheid que surgiu a necessidade absoluta de destruir esse sistema, desigual em todas as suas manifestações.

A institucionalização do regime racista sul-africano, materializada na ascensão do Partido Nacional ao poder, no final da década de 1940, não impediu que o país se esforçasse para ampliar o seu círculo de aliados internacionais. À medida que as críticas eram intensificadas, devido aos processos descolonizatórios, os brancos sul-africanos procuravam suscitar a admiração internacional, apresentando estatísticas incorretas sobre os rendimentos dos africanos negros, com o objetivo de obter apoio daqueles que desejavam fazer negócios lucrativos com o país. Autoproclamando-se "bastião contra o comunismo", o regime sul-africano passou a reclamar um lugar de destaque no chamado "mundo livre" e a enfatizar uma estabilidade assentada na repressão que, por sua vez, contrastava com a instabilidade e o desequilíbrio social em algumas regiões do nascente Terceiro Mundo.

Em alguns momentos, para manter e legitimar o poder e atenuar as aspirações adversárias, a minoria branca se viu obrigada a reorganizar as reservas da população e a reduzir os níveis de humilhação racial, cooptando negros dentro e fora do país. No entanto, as diferenças entre brancos e negros na África do Sul eram mais profundas do que imaginamos e passavam por questões relacionadas não somente à raça, mas também às classes sociais. Assim, o dilema *raça* ou *classe*, que marcou também a discussão sobre a teoria revolucionária sul-africana, ganhou maior nitidez, pois, embora os brancos se beneficiassem dos métodos de dominação, nem todos controlavam os meios de produção. Ao mesmo tempo, alguns negros, ainda que de forma marginal, garantiam benefícios individuais com o sistema segregacionista.

Por causa do cenário de constante exploração, os movimentos de libertação na África do Sul surgiram muito cedo. Em 2012, o Congresso Nacional Africano (CNA) completou um século de existência, sendo o mais antigo movimento de libertação nacional. Ele se caracterizou inicialmente por fazer protestos pacíficos, mas essa perspectiva conciliatória logo foi abandonada em face da repressão do regime. Ao mesmo tempo que o regime racista aperfeiçoava seus aparatos repressivos, o projeto revolucionário se reestruturava. Para o CNA, na África do Sul, mais do que em qualquer outro país do mundo, a libertação não teria significado sem a redistribuição da riqueza para todo o povo. Para seus líderes, permitir às forças econômicas existentes manter seus interesses intactos seria alimentar a raiz da supremacia racial e não representaria sequer uma sombra de libertação. A luta armada como ação política passou a fazer parte da estratégia dos movimentos de libertação da África do Sul no início dos anos 1960 e representou um afastamento das táticas pacifistas anteriores. Os eventos em Sharpeville, ocorridos em 1960, são exemplos de como os protestos pacíficos contra o regime racista do Partido Nacional foram reprimidos. Os revolucionários, no entanto, sabiam que se optassem pela violência revolucionária para destruir o sistema precisariam menos de táticas militares e mais de estratégias políticas, pois estavam diante de um Estado bem equipado. Com um projeto de apelo socialista, a Revolução Sul-Africana fundamentou-se na mobilização de uma base popular revolucionária, procurando fomentar o sentimento de unidade nacional em uma sociedade historicamente fragmentada e brutalmente reprimida. As contradições inerentes a esse projeto revolucionário logo ficariam evidentes, pois era bastante complicado unificar algo que, historicamente, estava desestruturado.

Apesar de os anos 1960 terem representado um período de mudanças substanciais no continente africano, com um grande número de independências e uma ampla condenação ao regime do apartheid, as democracias ocidentais não se mostraram dispostas a auxiliar os movimentos de libertação da África do Sul. Mas o CNA tinha como aliado o Partido Comunista Sul-Africano, que ofereceu uma base teórica, tática e estratégica para o pensamento revolucionário e o auxiliou na aproximação com a União Soviética e com os demais países socialistas.

Entre as décadas de 1960 e 1970, as ações dos principais movimentos de resistência – o CNA e o Congresso Pan-Africanista (PAC), criado em 1958 – foram contidas e esses grupos enfrentaram grandes obstáculos para avançar com a luta armada. Nesse período, suas principais lideranças foram presas, eliminadas ou obrigadas a se exilar. No entanto, não foi fácil silenciar a voz dos movimentos de libertação, já que novas formas de resistência se desenvolveram, a exemplo do *Black Consciousness Movement* (Movimento da Consciência Negra), inspirado por Steven Biko, que procurou despertar a consciência política entre os sul-africanos. O Movimento de Consciência Negra revitalizou o CNA, teve impacto profundo na juventude e influenciou diretamente a Revolta de Soweto, de 16 de junho de 1976.

Contudo, quanto mais a resistência crescia internamente e as estratégias dos movimentos de libertação ganhavam força, mais a repressão aumentava. Embora o governo sul-africano encontrasse as melhores justificativas para alargar o seu círculo de cúmplices, demonstrando uma relativa estabilidade econômica e fortalecendo seus laços externos, o CNA foi adquirindo experiência e dando continuidade às ações contestatórias. Ao levarmos em consideração as mudanças internas e externas a partir dos anos 1970, bem como os indícios de crescente conscientização e militância política nesse período, percebemos que os esforços para aniquilar o regime racista mostraram-se eficazes.

Enquanto o sistema fundamentado no racismo mostrava-se incapaz de superar as periódicas crises financeiras e econômicas, inerentes ao modo de produção capitalista, agravava-se o potencial explosivo de uma grande maioria empobrecida, desempregada e hostilizada, que passou a renovar a consciência de sua força coletiva. Diante disso, gradativamente o apartheid foi se tornando inviável como mecanismo de manutenção do poder branco.

Ao contrário do que boa parte da literatura sobre o assunto apresenta, a transição do regime do apartheid para um regime democrático na África do Sul não foi pacífica. As negociações entre os líderes do CNA e do Partido Nacional, com vistas ao estabelecimento de um governo de maioria na África do Sul, só foram possíveis porque tanto o regime racista quanto os movimentos de libertação encontravam-se enfraquecidos com o final da Guerra Fria, em função das profundas transformações que afetaram o sistema internacional. Ainda assim, mesmo que de forma desigual, ambos os lados se utilizaram da força durante o período de negociações e depois de definidos os resultados do pacto. Vale lembrar que os grupos de extrema direita continuaram promovendo atentados contra os negros e suas lideranças e que houve um aumento na criminalidade, decorrente da grande concentração de população negra, pobre e desempregada nas favelas erguidas nos principais centros urbanos.

O governo democrático de Nelson Mandela, que assumiu o poder em 1994, teve de lidar com uma situação bastante complexa, pois se por um lado herdou a mais desenvolvida das economias africanas, com uma moderna infraestrutura institucional e física, por outro também herdou grandes problemas socioeconômicos, como o alto nível de desemprego, os índices alarmantes de pobreza, a grande concentração de renda, as epidemias, além da intensa violência. Ainda que a transição que levou o CNA ao poder tenha produzido algum impacto sobre a situação social, conferindo mais justiça e igualdade racial ao país, os privilégios da minoria branca tiveram de ser respeitados. Isso levou revolucionários – que até então haviam afirmado que a libertação não seria possível sem a redistribuição de riqueza a todo o povo – a aceitar contraditoriamente a manutenção da estrutura socioeconômica do apartheid.

Atualmente, quase duas décadas após a transição democrática, o mais importante desafio a ser enfrentado para que governo e sociedade possam agir de maneira efetiva contra a sólida estrutura erguida pelo apartheid e facilitar o acesso igualitário da maioria da população aos recursos econômicos do país é o aprimoramento do frágil sistema democrático. Apesar da dificuldade do governo para promover mudanças substanciais, as necessidades e as expectativas da grande maioria da população sul-africana crescem permanentemente e se manifestam no apoio ao CNA. A sobrevivência das bases econômicas e sociais do apartheid, aliada aos impasses políticos, bem como às contradições internas nos quadros do CNA, revela, no entanto, incertezas quanto ao futuro.

Hoje há uma espécie de reação conservadora que tenta conferir um significado mais positivo ao regime racista e a tudo que ele representou. Essa reação se manifesta em obras acadêmicas, jornalísticas e memorialísticas, embasadas em testemunhos dos que vivenciaram o apartheid, e que geralmente são patrocinadas por fundações que dispõem de grandes recursos financeiros. O argumento central dessas produções é o de que o CNA foi incompetente ao atender os problemas da nação sul-africana, já que a instabilidade e a corrupção ainda se fazem presentes no país. O interessante é que esse discurso, na contramão da história, não revela os problemas de um país particularmente africano, pós-apartheid, ou de um governo de maioria negra, mas sim as dificuldades de qualquer país de governo democrático. No entanto, é importante esclarecer que não estamos nos referindo às "velhas" democracias ocidentais em crise, que novamente lançam mão de um ideário xenófobo, mas sim às "jovens" democracias, que precisam criar um caminho próprio para construir um novo modelo socioeconômico.

Por tocar em questões tão atuais e relativas às nascentes ou jovens democracias, os estudos sobre a África do Sul merecem ser revisitados e aprofundados permanentemente.

Este trabalho – resultado da atividade de pesquisa realizada no Centro de Estudos Brasil-África do Sul (CESUL/

UFRGS) e no Núcleo Brasileiro de Estratégia e Relações Internacionais (NERINT/UFRGS), bem como da experiência docente no Curso de Relações Internacionais/UFRGS e no Programa de Pós-Graduação em Estudos Estratégicos Internacionais (PPGEEI/UFRGS) – busca, mesmo correndo o risco de soar superficial, contribuir para o debate sobre essa história controversa e envolta em mitos.

1. Um colonialismo peculiar, segregação e resistência (1620-1960)

A COLONIZAÇÃO EUROPEIA NO SUL DA ÁFRICA

A incorporação da África tropical a um sistema comercial mundial e dinâmico, dominado pelos europeus ocidentais, foi conduzida pelas tentativas de "reconhecimento" por parte dos portugueses. Posteriormente, a iniciativa portuguesa permitiu que a Europa viesse a controlar todo o continente. O Cabo da Boa Esperança ficou conhecido pelos europeus por meio das viagens portuguesas que buscavam estabelecer uma rota marítima para as Índias. Bartolomeu Dias chegou ao Cabo em 1487, atribuindo-lhe o nome de "Cabo das Tormentas". O governo português, entusiasmado com a possibilidade de chegar às Índias pela nova rota, passou a chamar o local de Cabo da Boa Esperança. Entretanto, foi com Vasco da Gama, em 1497, que o trajeto tornou-se o principal caminho para as viagens comerciais dos portugueses. Todavia, em um primeiro momento, o Cabo foi negligenciado devido ao episódio ocorrido em 1510, quando o vice-rei Francisco de Almeida e alguns companheiros foram mortos por khois[1] quando faziam uma expedição na região. Assim, os portugueses estabeleceram seu primeiro posto na ilha de Santa Helena. Em seguida, estabeleceram sua base central no leste da África, na ilha de Moçambique. Assentamentos subsidiários foram criados em Inhambane e Quelimane, na costa de Moçambique, e em Sena e Tete, no Rio Zambeze.

No início do século XVII o Cabo começou a ser utilizado como local de reabastecimento de água para navios ingleses e

---

[1] Pastores que viviam no sudoeste do Cabo. Chamavam-se khoikhoi, ou seja, "homens dos homens".

holandeses, nas idas e vindas das Índias. Em 1620, oficiais da Companhia Britânica das Índias Ocidentais reivindicaram a possessão da Baía de Saldanha[2] em nome do rei James, mas a reivindicação não foi alcançada. Naquele momento, a direção da Companhia Holandesa das Índias Orientais decidiu que essa rota era mais favorável ao reabastecimento do que a existente em Santa Helena. Em 6 de abril de 1652, Jan van Riebeeck chegou ao Cabo com três navios, *Goede Hoop*, *Dromedaris* e *Reiger*, para montar o novo posto. Na verdade, o empreendimento fora criado para ser limitado. A intenção era a de erguer um pequeno forte com suprimentos e água, e manter um espaço cultivável para prover vegetais frescos para a tripulação da Companhia, diminuindo as perdas por escorbuto. A carne seria obtida por permuta com a população khoi vizinha. O assentamento original era reduzido e feito exclusivamente para os empregados da Companhia, situado na pequena península onde se localiza a Table Mountain.[3]

O cultivo realizado pelos empregados da Companhia se mostrou ineficiente e caro. Logo, por sugestão de Van Riebeeck, decidiu-se por estabelecer alguns colonos com suas próprias fazendas com vistas a beneficiar as atividades da Companhia. Naquele momento, então, foi oferecida a quebra de contrato a alguns empregados, que foram autorizados a tomar lotes de terras como cidadãos livres. Em um primeiro momento os novos colonos se concentraram em plantar trigo para suprir as frotas com pão, mas também deveriam estar inscritos na milícia. O número de colonos cresceu lentamente, na medida em que mais empregados tornavam-se livres. Em 1662, quando Van Riebeeck deixou a colônia para um posto de comando em Malaca, os colonos somavam quarenta pessoas, com quinze mulheres e cerca de vinte crianças (Omer-Cooper, 1994).

---

[2] Porto natural na costa sul-ocidental da África do Sul, situada a noroeste da atual Cidade do Cabo.

[3] Tábua do Cabo ou Montanha da Mesa: montanha de topo achatado com vista para a atual Cidade do Cabo.

Apesar do número restrito de colonos, a decisão de estabelecê-los em fazendas no Cabo foi de profunda significância para o futuro. Representou o início de uma *comunidade permanente*, ao invés de residentes expatriados temporários. Conforme essa comunidade crescia com a chegada de novos colonos, tornou-se o principal centro da população branca no Cabo. Houve, a partir de então, o despertar de um sentimento de identidade própria e uma definição de seus interesses, os quais passaram, gradativamente, a se diferenciar dos da Companhia e de seus empregados. Em 23 de dezembro de 1658, uma delegação de quatorze colonos apresentou uma petição a Van Riebeeck, denunciando a opressão que sofriam da Companhia, mas não obtiveram seu apoio.

Entretanto, uma nova fase no desenvolvimento da colônia começou em 1679, com a chegada do novo comandante, Simon van der Stel. Uma guerra recente e amarga contra a França fez a Companhia Holandesa conscientizar-se da importância estratégica da estação do Cabo e reforçar o número de colonos, bem como incrementar a milícia. Àquela altura, os homens já haviam excedido o número de mulheres na comunidade branca, fato que levou Van der Stel a solicitar o envio de mais mulheres. Algumas meninas órfãs foram despachadas para o Cabo, com a finalidade de promover o equilíbrio na colônia. Outro aspecto relevante diz respeito às diversas nacionalidades que passaram a compor a população do Cabo (nessa fase, os alemães excederam o número de holandeses). A língua holandesa, todavia, era falada por todos. Em 1688 chegaram quase duzentos colonos franceses e belgas (huguenotes),[4] fugidos da perseguição religiosa na Holanda. Os huguenotes passaram a constituir um sexto da população branca. Com eles, novas práticas foram introduzidas, como o cultivo das vinhas, base da indústria vinícola do Cabo. O uso do francês foi desencorajado e os huguenotes adotaram o holandês para se integrar. Essa integração foi relativamente fácil, pois, como calvinistas, os recém-chegados podiam ser absorvidos pela

---

[4] Protestantes calvinistas.

Igreja Reformada Holandesa. Sob a rígida doutrina puritana, essa Igreja teve um papel fundamental na formação do caráter e na vigilância da população branca local.

Mesmo antes da chegada dos huguenotes, Van der Stel já buscava ampliar o potencial agrícola do Cabo e expandir as áreas de assentamento. Com a criação da vila chamada Stellenbosch, os colonos garantiram a quantidade de terra que podiam cultivar nos arredores do Cabo. Sob o comando de Van der Stel, o padrão de governo local também foi estabelecido. O controle da colônia como um todo foi assegurado pelo comandante, o qual foi elevado ao posto de governador em 1691. Van der Stel exercia sua autoridade com o Council of Policy [Conselho de Política], que era dominado por oficiais. No entanto, também foram incluídos alguns colonos, escolhidos pelo governador. Os casos de justiça eram resolvidos no âmbito da High Court of Justice [Corte Superior de Justiça]. Para a administração de Stellenbosch e arredores, um empregado da Companhia era apontado como magistrado. Regulamentos que regiam a milícia foram reforçados e foi criada uma brigada de meninos (para menores de 16 anos). Uma das principais preocupações era com a permuta ilegal de rebanho, que passou a ser coibida com rigor. A força militar, assim, tornou-se parte crucial da organização dos colonos.

Após o governo de Van der Stel, experiências de colonização assistida acabaram. O crescimento da colônia e da comunidade branca passou a acontecer naturalmente, bem como a expansão da agricultura e o desenvolvimento de uma identidade local. Inevitavelmente, essa nova realidade gerou problemas que se tornaram evidentes sob a gestão de Willem Adriaan van der Stel, iniciada em janeiro de 1699. Grande parte dos problemas advinha da disputa entre colonos e oficiais superiores da Companhia em torno do suprimento do mercado do Cabo. Willem, como seu pai e antecessor, conseguiu obter substantiva quantidade de terras, nas quais construiu o estado de Vergelegen. Outros oficiais superiores também adquiriram propriedades consideráveis. Em 1705, o conflito atingiu seu clímax quando o governador, instruído pelo governo holandês, cancelou o arrendamento que tinha dado relativa riqueza ao criador de gado Henning Hüsing, o que lhe garantia o direito exclusivo de suprir a Companhia com carne e operar um açougue na colônia. A reação dos colonos foi imediata; passaram a acusar o governador de beneficiar apenas os amigos e também de interferir no mercado de vinhos, comprando dos colonos e revendendo, caracterizando, assim, a construção de um monopólio de certos suprimentos.

Os diretores da Companhia Holandesa das Índias Orientais, alarmados com as evidências de desacordo na colônia, agiram contra o governador, anulando a posse sobre o estado de Vergelegen, que foi dividido e vendido. Entretanto, já era clara a divergência de interesses entre os colonos e a Companhia. O discurso em torno da diferença entre os colonos e os empregados da Companhia tornou-se cada vez mais forte. Quando os primeiros colonos se estabeleceram no Cabo, a expectativa era a de que eles trabalhassem como fizeram na Europa, empregando seu próprio trabalho, majoritariamente. Não obstante, os colonos tomaram medidas para assegurar certo número de trabalhadores brancos que assistissem os fazendeiros. Assim, alguns empregados da Companhia foram encorajados a tomar sua liberdade para trabalharem em tempo integral nas terras dos colonos estabelecidos. Contudo, a mão de obra continuava insuficiente e logo foi suplantada por escravos.

A INTRODUÇÃO DO TRABALHO ESCRAVO, A EXPANSÃO
DA AGROPECUÁRIA E A SEGREGAÇÃO

O primeiro lote de escravos foi adquirido em 1658. Trazidos das Índias Orientais Holandesas como prisioneiros ou reféns, eles formaram o núcleo da comunidade malaia no Cabo. Outros escravos vieram do leste da África, logo excedendo o número de brancos. Em 1717, devido ao grande número de escravos na colônia, passou-se a questionar o Conselho de Política sobre a possibilidade de abolição. No entanto, a decisão foi contrária e a importação de escravos tornou-se política oficial. A contínua importação de escravos e a expansão da força de trabalho não branca impediram o crescimento de uma classe trabalhadora branca. Dessa forma, como o trabalho servil não garantia "dignidade ao homem branco", o padrão de distinção de classe passou a ser definido pela cor.

A expansão da atividade agrícola trouxe desenvolvimento às cidades. O crescimento dos empreendimentos também foi possível com a multiplicação da força de trabalho. Fazendas de trigo e vinho na área oeste do Cabo começaram a envolver investimento de capital considerável. As moradias rústicas dos primeiros colonos deram espaço a casas atrativas e, no século XVIII, já traduziam a típica arquitetura holandesa. No cerne da população urbana, desenvolveu-se uma elite de membros da administração colonial, oficiais da milícia e colonos enriquecidos. Esse grupo criou um círculo social muito próximo aos funcionários superiores da Companhia. A Cidade do Cabo e os distritos de propriedades de uvas e grãos do oeste abrigavam, assim, a minoria branca. Porém, essa sociedade, relativamente estável, não ofereceu elementos mais dinâmicos para a expansão e o desenvolvimento da comunidade branca da África do Sul, mas sua importância no processo foi fundamental.

O oeste era o reservatório da população branca, continuamente provendo novos recrutas a áreas mais extensas. Era também a base econômica da colônia branca. O bem-estar econômico e a sobrevivência dos colonos sempre em expansão dependiam do mercado e da população da Cidade do Cabo e do oeste do Cabo, da guarnição e do limitado mercado de exportação. O oeste do Cabo também era o centro cultural da sociedade branca. Os padrões materiais e o estilo de vida influenciavam até os mais remotos colonos. Não obstante, a expansão das fronteiras mudou, gradativamente, a escala e o caráter dos assentamentos brancos, pois as oportunidades econômicas providas pela produção de vinho e de grãos no oeste do Cabo, bem como os negócios da cidade, não condiziam com as necessidades do crescente número de colonos.

Conforme as fazendas se apoiavam na mão de obra escrava (e também khoi) e na utilização de equipamentos, tornava-se cada vez mais difícil para alguém com nenhum ou pouco capital se estabelecer. Diante disso, desde cedo alguns colonos se dedicaram à caça ao marfim, a um sistema de troca com os khoi e, mais comumente, à pecuária no interior. A Companhia tinha, em um primeiro momento, esperança de assegurar o suprimento de carne por meio da permuta com os khoi, tentando manter o monopólio desse mercado, empurrando as expedições para o interior. No entanto, nunca foi possível obter suprimento regular dado que essa sociedade se baseava na permanente criação de gado não organizada para o mercado. Os khoi eram relutantes em vender mais do que uma pequena proporção de seus animais. Quando eram obrigados a fazê-lo, as vendas ultrapassavam o crescimento natural do rebanho e a sociedade entrava em colapso rapidamente. Os empobrecidos khoi eram empurrados, assim, a trabalhar nas fazendas ou praticar a caça e a coleta como os san.[5]

Para os colonos, a pecuária no interior trazia muitas vantagens. O rebanho inicial poderia ser obtido por intermédio dos khoi, que se transformariam em trabalhadores mais baratos que os escravos. Os fazendeiros, assim, poderiam viver bem dos produtos da caça e de seus rebanhos. Longe da vida sofisticada do oeste do Cabo, os gastos com roupas, móveis e itens de luxo eram reduzidos. Repetidos decretos da administração colonial proibindo a troca privada com os nativos não tinham mais efeito. Além do mais, ao privar os khoi de suas terras e transformá-los em trabalhadores ou expulsá-los da região, também era possível utilizá-los como "cães de caça", que identificavam terras mais férteis e regiões mais hospitaleiras para o estabelecimento dos novos colonos. Esse processo, que se manteve em curso no final do século XVII e ao longo do XVIII, quando a colônia estava

---

[5] Grupo de caçadores. Foram os primeiros a se concentrar na África do Sul, mas viviam dispersos por todo o subcontinente, com provável exceção das áreas de florestas.

em contato apenas com as comunidades khoi e san, continuou durante a maior parte do século XIX. Sua importância como grande elemento da dinâmica histórica da África do Sul diminuiu apenas com o crescimento da mineração e da indústria, que passaram a oferecer alternativas aos descendentes dos fazendeiros brancos.

A rápida expansão para o interior foi facilitada porque as terras eram ocupadas pelos khoisan.[6] Como sua população era esparsa, a resistência que podiam oferecer à expansão branca nos estágios iniciais era limitada. Além disso, a presença khoi garantiu a aquisição de rebanhos e mão de obra barata. Os grupos khoi geralmente adotavam uma atitude amigável com os primeiros brancos com que tiveram contato. Eles os viam como fonte de bens valiosos, e lhes satisfazia permutar com os brancos. Tentaram absorvê-los como faziam com os khoi de outras aldeias ou outras famílias de língua bantu. Os brancos eram encorajados a permanecer com o grupo e casar com mulheres khoi. Sozinhos também poderiam ser membros na comunidade.

Diante do avanço gradativo permanente dos brancos para o interior, os khoi começaram a mudar de atitude e a rejeitar convites para trocar bens, assim como passaram a evitar, sempre que possível, o contato com eles. Ao se perceberem ameaçados, esses pastores do sul africano passaram a lutar para salvar suas terras e meios de sobrevivência. Em pouco tempo tornaram-se numericamente inferiores diante da superioridade das armas dos colonos, mas também em razão das sucessivas epidemias de varíola, que drasticamente reduziram sua população. Os khoi não atacavam os assentamentos, mas iniciaram táticas de guerrilha que podiam ser muito eficientes. Infelizmente, para os khoi, o fato de estarem divididos em diversas aldeias significava a impossibilidade de resistência em grande escala. Cada aldeia

---

[6] União dos termos khoikhoi e san aplicada pelo antropólogo Isaac Schapera na obra *The Khoisan Peoples of South Africa* (1930). O termo será utilizado para indicar que ambos os grupos já haviam sido incorporados à dinâmica dos colonizadores.

agia separadamente diante da ameaça. Com o enfraquecimento da sociedade khoi, os chefes restantes se tornaram clientes da colônia.

Já os san, que mantinham pouco contato com outros grupos devido ao seu modo de vida, não se engajaram em uma aproximação maior com os brancos e, portanto, não se tornaram tão rapidamente dependentes da colônia em termos econômicos e culturais. Eles produziram uma resistência mais feroz contra aqueles que consideravam intrusos em suas terras de caça, matando pastores e atacando rebanhos. Como retaliação, a colônia começou uma guerra de extermínio contra os san, mas também contra os khoi que resistissem mais ostensivamente. Sucessivas expedições fizeram um grande número de mortos. Prisioneiros foram levados para o Cabo e tiveram de tolerar uma longa vida de servidão. Crianças eram apreendidas para serem criadas como aprendizes e somarem-se à força de trabalho dos colonos.

Em um primeiro momento, as expedições militares contra os khoisan eram feitas pelas forças regulares da Companhia, apoiadas pelos membros das milícias de forma subordinada. Com a expansão para o interior, contudo, os conflitos com os khoisan passaram a ser frequentes. Nessas situações, a milícia passou a desempenhar um papel importante. Em 1715, a primeira concessão para liderar uma campanha contra os povos nativos foi feita à milícia de Drakenstein. Depois disso, as batalhas foram crescentemente lideradas pelos comandos das milícias. Em 1778, os khoisan haviam sido praticamente exterminados como grupo independente.

Quando a colônia se estabeleceu, já havia, evidentemente, uma atitude de superioridade por parte dos empregados da Companhia em relação aos povos nativos. No entanto, a discriminação aberta, baseada na raça apenas, não era a política mais apropriada naquele momento. Van Riebeeck criou uma menina khoi. Em 1664 ela se casou com Pieter van Meeshoff, o cirurgião do assentamento, e, como sinal de aprovação da Companhia, ele recebeu uma promoção e uma festa na casa do comandante. Simon van der Stel, o mais proeminente dos primeiros governadores, era mestiço. Conforme os homens brancos excediam o número de mulheres brancas, as relações sexuais entre pessoas de diferentes raças eram muito comuns. Três quartos das crianças nascidas de escravas no Cabo eram de ascendência mista. Essa nova geração teve pouca dificuldade em ser absorvida pela sociedade em um primeiro momento. Em 1685, foi decretado que os escravos mestiços deveriam, automaticamente, receber sua liberdade ao se tornarem adultos. Todavia, a tendência dos brancos em se transformarem numa elite ligada pelo aspecto racial já estava posta. A necessidade de forjar uma força de trabalho, pois os braços sempre foram mais escassas do que a terra, era vista como uma questão de sobrevivência de grupo para essa minoria branca.

Não era incomum, no início do século XVIII, que mestiços tivessem suas próprias fazendas na colônia, mas, a partir do aumento da competição por terra, eles passaram a sofrer muita pressão por parte dos colonos brancos e, logo, seriam absorvidos pela "classe" dos empregados de cor, ou movidos para a margem dos assentamentos, onde ainda era possível se manterem independentes. Em torno de 1750, o Khamiesberg, no extremo noroeste da colônia, tornou-se o maior assentamento dos mestiços independentes, alguns, inclusive, mantendo um número considerável de empregados e clientes. Depois de 1780, a crescente competição branca nessa área levou algumas famílias a migrarem para o centro do Vale de Orange. Interessante notar que, por volta de 1802, missionários da Sociedade Missionária de Londres começaram a "trabalhar" com as famílias mestiças que haviam perdido suas posses e meios de sobrevivência diante da competição e subjugação dos brancos.

As relações no espaço colonial se tornavam cada vez mais complexas. Nos últimos anos de governo da Companhia, a relação entre colonos e oficiais já era insustentável. A atmosfera criada com a explosão da Revolução Americana fez com que, em 1778, começasse um movimento no oeste do Cabo para demandar condições de comércio mais frouxas e maior participação dos colonos na administração colonial. Os líderes da agitação adotaram o *slogan* "Unidade faz a força". A Companhia, contudo, rejeitou o pedido por direitos políticos. Como reação, um partido chamado Cape Patriot [Patriotas do Cabo] foi formado, na expectativa de apelar para que o governo holandês tomasse posse da colônia. Enquanto a agitação no oeste do Cabo conquistou tão pouco, um conflito muito mais importante eclodiu na fronteira leste.

A situação ao leste, na enorme área do distrito de Stellenbosch, tornava-se cada vez mais caótica devido ao conflito com os san no nordeste, e também à indisciplina de alguns homens da fronteira. Na costa leste da fronteira, os colonos já estavam entrando em contato com as populações xhosa, e a competição por terra, bem como as acusações de roubo de rebanho, logo caracterizou as relações entre esses nativos e seus vizinhos brancos. A pressão exercida pelos colonos demonstrava que eles não estavam dispostos a perder o *status* de *baas* [mestre ou chefe], que se expandiriam permanentemente e que buscariam absorver mais e mais terras para a agricultura e população africana como mão de obra barata.

Entretanto, na metade do século XVIII, a expansão das atividades comerciais levou a uma considerável mudança social na Europa. E trouxe, também, o desenvolvimento de novas ideias que foram largamente adotadas, fundamentalmente o liberalismo. As premissas de que os governos não deveriam interferir na economia e de que deveria haver livre competição no mercado doméstico e nas trocas entre as nações ganhavam força. Também havia a concepção de que o governo deveria agir com o consentimento do povo e ser baseado na democracia. Nessa perspectiva, crescia o ataque à escravidão e a outras formas de trabalho forçado. A nova lógica teve impacto importante em nações comerciais como a Inglaterra, mas também na França e na América. A Holanda, como um país comercialmente ativo, não ficou imune à influência do novo pensamento.

Embora a França e a Inglaterra vivenciassem as mesmas influências do período, sua rivalidade tradicional não foi enfraquecida. Em 1792, a Inglaterra engajou-se em uma guerra contra a França revolucionária que envolveu toda a Europa. As guerras continuaram depois que Napoleão tornou-se líder na França (com apenas uma curta pausa durante o Tratado de Paz de Amiens, de 1802), até a sua derrota final em Waterloo, em 1815. Como resultado dessas guerras, os britânicos ocuparam o Cabo em 1795.

Em 1794, a Holanda sentiu a força da Revolução Francesa. Isso provocou a Inglaterra a intervir, com medo de uma invasão francesa no Cabo, o que para os britânicos seria uma grande ameaça às suas atividades comerciais. Em 11 de junho de 1795, uma frota britânica entrou na Baía de Saldanha. Negociações com os comandantes militares e com o Conselho de Política falharam e as tropas britânicas chegaram a Simons Town em 14 de julho. Com a chegada de uma segunda tropa em setembro, foi possível colocar em prática o plano para o ataque direto à Cidade do Cabo. Confrontados com essa situação, o Conselho de Política e as forças militares capitularam e entregaram a responsabilidade do Cabo para as forças britânicas ocupantes. Em 1803 estes a devolveram à Holanda, mas, em 1806, ocuparam definitivamente a região.

No Cabo o período entre 1792 e 1834 viu o crescente impacto do novo pensamento em sua sociedade. A emancipação dos escravos em 1838 foi, talvez, o maior exemplo dessa mudança. Contudo, muitas dessas ideias não condiziam com a sociedade estabelecida pelos brancos, baseada no privilégio hereditário de raça. O resultado foi uma série de conflitos que culminaram, finalmente, na emigração massiva para fora da colônia, conhecida como Great Trek [Grande Jornada]. O sistema mercantil instituído pelos holandeses (mas também por alemães e franceses), entre os séculos XVII e XVIII, estava prestes a ser incorporado e transformado pelo sistema capitalista inaugurado pelos britânicos no século XIX.

O novo sistema introduzido pelos britânicos destruiu as bases do sistema mercantil e os tradicionais padrões dos colonizadores bôeres.[7] Importante ressaltar que a base do sistema instituído na África do Sul pelos bôeres estabeleceu uma relação peculiar entre poder, terra e trabalho. O poder colonial no país se deu basicamente de três maneiras. Primeiramente, criou estruturas políticas e econômicas que permitiram a superioridade dos colonizadores em relação às populações nativas. Em segundo lugar, os colonizadores restringiram o acesso desses grupos à terra, à água e ao gado. Por fim, os diversos grupos nativos e, posteriormente, também estrangeiros, foram transformados em força de trabalho.

Com a descoberta de diamantes (1867) e de ouro (1886) em territórios dominados pelos bôeres, o colonialismo britânico passou a ser mais agressivo e abrangente. Do ponto de vista econômico, ocorreu uma mudança estrutural importante na relação entre poder, terra e trabalho naquele momento. A maioria da terra agricultável já tinha sido ocupada. A partir de então não foi mais possível que todos os membros da minoria branca se tornassem proprietários de terras (principalmente os bôeres), e estes passaram a cultivar terras economicamente inviáveis. Houve, então, a proletarização de um grande número de brancos, o que modificou drasticamente o mercado de trabalho.

Apesar de a chegada dos britânicos ter transformado as condições de trabalho dos brancos que já habitavam o espaço sul-africano, cabe retomar a situação dos colonos e dos africanos. As formas de trabalho não livre podem ser observadas na África do Sul desde 1652. Além da instituição de um sistema direto de trabalho forçado, a escravidão propriamente dita (abolida em

---

[7] Significa "fazendeiros" ou "camponeses" em *afrikaan*, língua que evoluiu a partir do holandês, falada pelos primeiros colonos do Cabo. No século XVIII, o termo referia-se aos camponeses brancos, mas no século XIX passou a ser usado para africâneres em geral, para habitantes brancos das repúblicas dos *voortrekkers*, ou para aqueles que lutaram do lado republicano na Guerra Sul-Africana ("Guerra dos Bôeres"). Quando usado por não africâneres, o termo passou a ter conotação depreciativa – para os ingleses, sugeria atraso e falta de cultura, e, entre os negros, era usado para qualquer pessoa branca associada ao racismo e ao apartheid.

1838), havia uma forma adaptada de servidão caracterizada pela utilização das crianças khoisan nas famílias de trekbôeres e das crianças africanas nas famílias dos *voortrekkers* nas duas repúblicas bôeres,[8] no século XIX.

Os trekbôeres eram os brancos seminômades que criavam ovelhas e gado quando começaram a deixar o sudoeste do Cabo (com seu clima mediterrânico), desde o final do século XVII, em direção ao interior, onde a pecuária extensiva e a caça eram os únicos modos possíveis de produção. Na primeira metade do século XVIII havia terra em abundância no interior e poucos obstáculos geográficos à expansão nas direções norte e leste. Os povos khoisan da região foram despojados de suas terras, mortos, expulsos ou ganhavam permissão para trabalhar como posseiros ou, então, nas fazendas de 6 mil hectares que os trekbôeres alocavam para si. Uma linha principal de avanço foi para o leste, em paralelo com as cadeias de montanhas (onde vivia a população xhosa). Outros mudaram seus rebanhos para o entorno ou a extensão do estéril Karoo (região semidesértica), limites que as autoridades coloniais periodicamente tentavam corrigir.

Embora a vida dos trekbôeres tenha sido em grande parte autossuficiente, eles mantiveram contato irregular com os mercados do Cabo para garantir o abastecimento de produtos essenciais, como armas de fogo e munição. De qualquer forma, viviam praticamente isolados, longe do controle das autoridades do Cabo. Apesar disso, eles continuaram a considerar a si mesmos como sujeitos coloniais, ao contrário dos *voortrekkers* de 1830, que deliberadamente procuraram romper com o controle colonial.

Os *voortrekkers* ("aqueles que viajam à frente"; "pioneiros") se rebelaram contra o domínio britânico no Cabo entre 1834 e 1840, participando, mais tarde, do *Great Trek* e, diferentemente dos trekbôeres, pretendiam estabelecer novos Estados no interior, onde eles poderiam ser livres da dominação britânica.

---

[8] Estado Livre de Orange e Transvaal.

Aproximadamente 15 mil *voortrekkers* deixaram o Cabo durante a segunda metade da década de 1830. Esse sentimento de "distinção" acabou por forjar a "identidade" daqueles que viriam a ser chamados de africâneres. Antes do século XX, os africâneres eram identificados, geralmente, como "brancos nativos da África", ou seja, nascidos na África do Sul em vez da Europa. Os africâneres, portanto, descendiam de imigrantes, principalmente holandeses, franceses e alemães, e percebiam-se como um povo distinto e independente da Europa, orgulhosos da história de seus antepassados. Ao longo do século XX, o termo ficou restrito aos brancos, cuja língua falada era o afrikaan, pertencentes ao grupo economicamente dominante.

As recém-chegadas autoridades inglesas tinham de lidar com a contínua oposição nos distritos de fronteira. A submissão dos fazendeiros acontecia pela coação, pois os conflitos de interesse se tornaram mais acirrados ainda quando a Companhia Holandesa das Índias Orientais foi substituída pelos britânicos. Quanto aos movimentos de reação, as autoridades britânicas responderam com o uso da força. No entanto, o movimento das tropas britânicas desencadeou uma revolta mais séria ainda. Os empregados khoi, ao verem os ingleses também com soldados khoi, deduziram que a guerra era contra seus senhores. Muitos abandonaram seus "empregadores" e pegaram em armas. Alguns xhosa também foram alarmados e se juntaram aos khoi para saquear fazendeiros brancos. Os comandos locais se mostraram ineficientes para combater a combinação khoi e xhosa, o que levou os distritos do leste a uma grande devastação. Quase ao mesmo tempo, a fronteira norte também presenciou os ataques surpresa contra os colonos fazendeiros de seus distritos. Diante do caos, os britânicos tentaram conduzir uma negociação. Acordos foram feitos e os distúrbios cessaram. Porém, as relações logo começaram a se complicar novamente.

Durante a primeira fase de dominação britânica, um aspecto de grande importância para o desenvolvimento histórico da África do Sul foi a ação missionária em grande escala. Depois de um esforço para promover a aproximação com os escravos e com os khoi, logo no início da colonização do Cabo, o movimento evangélico falhou. Dizia-se que os escravos que se tornassem cristãos receberiam o direito à sua liberdade. Evidentemente, havia uma relutância em batizar escravos e, na ausência cristã, o Islã foi consolidado pelos povos malaios do Cabo. Foi somente no período da ocupação britânica que as missões evangélicas realmente se estabeleceram na região. A Sociedade Missionária de Londres, fundada em 1795, chegou ao Cabo em 1799. Como a maior e mais influente na África do Sul, acabou por incorporar a Sociedade Missionária Metodista Wesleyana e a Sociedade Missionária de Glasgow.

No início do século XIX, os missionários se deslocaram para assentamentos de nativos para além da colônia e, depois, do Rio Orange. O objetivo de "converter pagãos" caminhava ao lado da ideia de civilizá-los, o que significava encorajá-los a adotar um estilo de vida adequado aos padrões britânicos e europeus. Significava também transformar agricultores em produtores independentes e artesãos reunidos em comunidades. Assim, seria possível a criação de um grupo de nativos que poderia trabalhar e manter a Igreja. Essas atividades poderiam estimular uma crescente oferta de produtos primários e gerar um mercado para as manufaturas europeias. Na verdade, os interesses missionários iam ao encontro dos interesses comerciais britânicos, que encorajaram e apoiaram o movimento religioso.

O objetivo dos missionários não incluía levar as comunidades nativas a respeitar integralmente as regras inglesas. Todavia, os funcionários da missão estavam naturalmente ligados às suas raízes europeias. Eles também dependiam da boa vontade do governo no Cabo, pois, geralmente, encontravam problemas em lidar com sociedades africanas independentes, ao mesmo tempo que julgavam necessário proteger os africanos convertidos contra a exploração dos colonos brancos. Os missionários estavam, em certa medida, em conflito direto com os interesses e atitudes dos colonos, uma vez que os missionários buscavam converter os nativos em uma classe trabalhadora subordinada dentro do seu controle econômico. Por outro lado, a ação dos missionários ameaçava a oferta de trabalho para os colonos. E ainda, significava a possibilidade de não europeus dominarem a agricultura e competir com os fazendeiros brancos, o que afrouxaria a desigualdade entre as raças na qual toda a estrutura da sociedade do Cabo estava baseada.

A hostilidade dos colonos brancos tornou-se evidente. O trabalho dos missionários, no entanto, servia a alguns colonos, principalmente comerciantes e atacadistas que se especializaram em comercializar com os nativos, pois a "cristianização" e a "civilização" das comunidades africanas aumentariam seus lucros e negócios. Assim, eles ofereciam a base para uma vertente liberal no Cabo, favorável aos missionários e seus ideais. Em relação aos nativos com os quais mantinham contato, a posição dos missionários era por vezes complexa e contraditória. O missionário era frequentemente bem-vindo, algumas vezes convidado, pois poderia servir como intermediário para a aquisição de armas e outros bens.

Os missionários, inicialmente, buscaram se estabelecer e receber proteção dos chefes nativos. Seus ensinamentos envolviam, inevitavelmente, um ataque aos costumes existentes e instituições locais, o que poderia resultar em conflito. Algumas vezes, por esse mesmo motivo, grupos nativos que se sentiam em desvantagem voltavam-se para os missionários em busca de uma nova ordem, formando, assim, a maior parte dos seus convertidos. Essa prática, naturalmente, aumentou o antagonismo entre os missionários e os chefes locais. Quando um governante nativo estava em posição vulnerável, havia enorme tentação por parte dos missionários de explorar a oportunidade com vistas a substituir o chefe por outro mais cooperativo e de sua própria escolha.

O interregno do domínio britânico (1802-1806) não ameaçou significativamente o trabalho dos missionários. O Cabo foi entregue às autoridades da revolucionária república holandesa, período que foi marcado por relativa calma, pois não houve mudança substancial na situação da região. A segunda ocupação britânica começou como a anterior – deveria ser temporária. No entanto, os governantes britânicos do Cabo representavam os *Tory* da Grã-Bretanha e tinham mais simpatia pelos "empregadores" do que pelos "empregados". Em relação aos missionários, os novos administradores adotaram uma atitude cautelosa, mas, em relação aos colonos, os antagonismos ficaram evidentes, principalmente a partir da chegada de colonos britânicos em 1829 e do confronto militar direto.

Os *voortrekkers* acabaram por fundar seus próprios Estados – o Estado Livre de Orange (atualmente uma das províncias da África do Sul), em 1842, e o Transvaal (terra para além do Rio Vaal), em 1852, que, em 1857, autoproclamou-se República Sul-Africana. A partir da fundação desses Estados, houve um avanço sistemático da população branca na região. No entanto, a incursão dos *voortrekkers* para a zona costeira do Natal foi repelida pelos zulus, população que mais tarde seria dominada pelos britânicos. Os ingleses tentaram isolar os *voortrekkers*, ocupando os territórios da Basutolândia (Lesoto), em 1868, Bechuanalândia (Botsuana), em 1885, e da Suazilândia, em 1899. Nesses territórios os britânicos mantiveram a autoridade das lideranças negras, que impediram a anexação das regiões e o domínio de suas populações pelos colonos. Em verdade, a pretensão dos britânicos era a de formar uma confederação de Estados brancos, reduzindo, assim, a autonomia dos colonos bôeres.

Nesse contexto houve uma mudança na política britânica em função da nova situação econômica no Cabo – o aumento da exportação de lã fez com que se tornasse viável a criação de instituições capazes de administrar a colônia com mais eficiência. Com a criação do Parlamento do Cabo, em 1853, houve uma importante transferência de autoridade. Apesar de o governador e seus oficiais conseguirem controlar a colônia, estavam sujeitos à crescente pressão dos bôeres. Diante desse fato, o novo governador, George Grey, passou a se preocupar com a fronteira leste. Sua ideia era oferecer oportunidade de educação aos africanos, que aprenderiam sobre os valores ocidentais e desenvolveriam seus métodos agrícolas. Segundo ele, os africanos deixariam de ser um perigo para a colônia. Para

Grey, a África do Sul estava afundando na barbárie diante de tantos confrontos com a população nativa. A solução estava na criação de uma confederação de comunidades brancas, com uma administração estável e racional que pudesse controlar os africanos. A oportunidade de lançar essa política foi garantida pelo desenvolvimento dos acontecimentos no Estado Livre de Orange.

A unidade voortrekker nesse Estado era muito frágil, embora um dos ideais do *Great Trek* fosse a completa união da comunidade bôer. Com a morte de Andries Pretorius em 1853, o desejo de unidade foi levado adiante pelo seu filho, Martinus Wessels Pretorius. Embora não tenha herdado a administração do Estado (Josiah Hoffman e, depois, Jacobus Boshoff o governaram), Pretorius tentou desencadear vários levantes contra seus adversários políticos e contra as populações africanas que ameaçavam a integridade do território. No entanto, havia um grande problema a ser resolvido com a população sotho, que promoveu uma grande resistência, invadiu e ocupou uma grande área do Estado Livre de Orange. Mas não foi uma guerra fácil para os sotho. Naquele momento o rei Moshoeshoe estava velho, e seus filhos brigavam pela sucessão. Além disso, com a guerra eles perderam grande quantidade de terras, seus rebanhos foram dizimados e as colheitas foram queimadas, deixando-os à beira da morte por falta de comida. O desgaste resultante da luta fez com que os sotho buscassem a ajuda dos britânicos. Os missionários franceses que haviam sido expulsos pelos bôeres também "apoiaram a causa". Os britânicos, então, estabeleceram sua "proteção". Basutolândia (Lesoto) tornou-se uma reserva de trabalho e representou o domínio britânico ao norte do Rio Orange.

Enquanto isso, no Transvaal, o objetivo era evitar qualquer extensão da autoridade britânica e estabelecer relações com os portugueses em Delagoa Bay.[9] Os trekkers do Transvaal estavam

---

[9] Também conhecida como Maputo Bay [Baía de Maputo] ou Baía da Lagoa. Trata-se de uma entrada do Oceano Índico na costa de Moçambique.

muito próximos de um número substancial de africanos, dos quais esperavam obter força de trabalho. Todavia, a dispersão dos colonos ali também comprometia a unidade do Estado. Em 1855, Pretorius propôs o estabelecimento de uma Constituição que unisse o Transvaal em uma república sul-africana. O projeto foi aprovado e Pretorius foi nomeado o primeiro presidente. Entretanto, apesar da unidade política, o Transvaal continuou economicamente fraco, sem capacidade para controlar os africanos que habitavam o seu entorno ou as fazendas mais distantes.

Não tardou e a guerra se instalou novamente na fronteira leste. Aproveitando a frágil unidade política na região, Grey passou a distribuir terras para as comunidades britânicas e mestiças, mas também para alguns grupos africanos aliados, atingindo diretamente a população xhosa, que perdeu suas terras e seus rebanhos. A atitude do governo britânico colocou novamente os africanos em lados opostos, que passaram a guerrear entre si. E ainda, enquanto não progredia a ideia em direção à constituição de uma confederação, os britânicos incorporaram o reino zulu ao quebra-cabeça sul-africano. Se os britânicos conseguissem dominar o exército zulu, teriam o controle sobre uma grande força de trabalho, bem como extinguiriam o maior agrupamento militar africano. Entretanto, a resistência zulu foi intensa. Muitas batalhas foram vencidas pelos africanos, sendo necessárias aproximadamente cinco décadas para que o reino zulu fosse completamente aniquilado. Cabe fazer a ressalva de que a capacidade de combate britânica apoiava-se na utilização de armas de fogo, o que, evidentemente, colocou o inimigo em situação de extrema desvantagem. O reino zulu foi dividido em treze *chiefdoms*,[10] que não poderiam ter exércitos.

Além da resistência africana em relação à dominação britânica, a oposição no Transvaal crescia à medida que as terras zulus eram dominadas. Com a vitória do Partido Liberal, liderado por William Gladstone, nas eleições gerais britânicas, havia

---

[10] Forma de organização política intermediária entre tribo e reino.

a expectativa de que a pressão pela anexação diminuiria sobre o território. No entanto, a Rainha Vitória não abriria mão do controle sobre o espaço colonial. Como resultado de um acordo, o Transvaal poderia manter sua independência interna, sob o domínio britânico. Apesar da relutância dos bôeres, a Convenção de Pretória (1881) definiu a situação política do Transvaal, ocasião em que Paul Kruger assumiu a presidência. Porém, uma nova realidade de caráter estratégico se impôs. Em 1883, os alemães chegaram ao oeste, representando uma ameaça aos interesses britânicos na região. Em 1884, após a Convenção de Londres, o Transvaal recebeu mais terras no oeste. Kruger proclamou a extensão do território para as pequenas repúblicas bôeres Goshen, Niew Republick e Stellaland. Todavia, os britânicos, temerosos da ameaça alemã e preocupados com o avanço bôer, enviaram forças militares para ocupar as três repúblicas e para oferecer "proteção" aos tswana. Foi estabelecido, assim, o protetorado de Bechuanalândia (Botsuana), em 1885. Contudo, a política britânica sofreria nova inflexão com a descoberta de diamantes.

A transformação da atividade mineradora de algo independente para uma grande operação capitalista seria conduzida por Cecil Rhodes. No esforço de controlar o mercado de diamantes, Rhodes uniu sua companhia, em 1888, à de Barney Barnato, seu antigo rival vindo de Londres. Assim, ele passou a controlar o mercado de diamantes e, também, o trabalho africano. Porém, Rhodes tinha muitas ambições. Além de fazer fortuna, ele imaginava o continente africano unido sob a bandeira britânica, ligado do Cabo ao Cairo por uma ferrovia e um sistema de telégrafo. No entanto, a descoberta de ouro em Witwaterand teve um significado muito maior que a de diamantes, transformando a economia agropecuária em industrial. Em pouco tempo, o desenvolvimento das minas no Transvaal desencadearia uma grande guerra entre britânicos e bôeres.

A indústria mineira necessitava de muitos equipamentos e recursos, bem como de considerável investimento inicial para que começasse a dar lucro. Assim, companhias e pessoas já envolvidas com a mineração de diamantes foram atraídas pela mineração aurífera. Os conflitos entre britânicos e bôeres no Transvaal afetaram diretamente os interesses de Rhodes, que passou a vislumbrar a possibilidade de ampliar seu espaço de atuação em direção aos atuais estados do Zimbábue, Zâmbia, Malauí e parte de Moçambique, para construir a ferrovia Cabo-Cairo. O controle britânico sobre as terras ao norte do Transvaal modificou novamente a balança de poder, e o avanço em direção a essa região se tornou uma realidade, impulsionada, ainda, pelos boatos de descoberta de ouro no Zimbábue.

Para avançar sobre os territórios ao norte seria necessário garantir o apoio do rei Ndebele Lobengula, que já se relacionava com os britânicos e com os missionários. Lobengula temia que os britânicos trouxessem o problema de sucessão ao trono (como ocorrera em vários reinos com os quais os britânicos mantinham relações, pois essa era uma forma de desestabilizar, provocando a disputa interna por poder), além da expansão portuguesa e bôer. Rhodes, por meio de seus agentes, conseguiu exclusividade para explorar os minerais a leste, região ocupada pelos shona (Mashonaland). Lobengula conhecia o poder militar branco e, assim, enfrentava um dilema – ceder demais ou antagonizar os britânicos. Rhodes garantiu a Lobengula que o acordo firmado não passava de uma concessão para "cavar buracos", enquanto enviava mensagem a Londres anunciando que havia garantido a ocupação da região.

O esquema de Rhodes era bastante atrativo para os britânicos, pois, além de garantir o lucro sobre a mineração aurífera, ajudaria a resolver o problema no Transvaal. Outro agente de Rhodes, François Coillard, apoiado pelos missionários franceses, convenceu o rei Lozi Lewanika a conceder a autoridade sobre suas terras (que imaginava ser em benefício da Coroa britânica). Esse tratado garantiu o direito de controle sobre o oeste da Zâmbia, complementado por outro que garantia a parte leste. Em seguida, o Malauí também passou aos domínios da Companhia de Rodhes. Rhodes e seus agentes falharam apenas na tentativa de anexar Katanga (sul do Congo) antes que o rei da Bélgica o fizesse. Diante da intensa disputa por territórios na região, as terras dos swazi – os quais haviam enfrentado até o poderoso exército zulu – foram objeto de um acordo em 1899, em que o Transvaal garantiu o controle sobre o reino da Suazilândia. Porém, antes que pudessem ocupar o território, os britânicos, já instalados na costa com o objetivo de obstruir a saída para o mar, acabaram transformando o reino em protetorado.

Enquanto preparava sua coluna para ir ao Zimbábue, Rhodes ingressou na vida política no Cabo. Ao integrar o Parlamento em 1880, ele conseguiu estabelecer uma aliança com a Afrikaner Bond [Irmandade Africâner], movimento impulsionado pelo "orgulho africâner", sentimento ampliado pela luta de independência do Transvaal. Entretanto, o movimento logo perdeu força nas repúblicas do norte, pois havia divergência de interesses em relação à política de Kruger. Impulsionados pela busca de tarifas mais favoráveis aos produtores de vinho e grãos, por exemplo, esses colonos estavam dispostos a ajudar os britânicos no projeto de unidade das repúblicas brancas sul-africanas, sem, contudo, garantirem uma contrapartida em termos de poder político. Rhodes conquistou popularidade nesse grupo, ajudando os fazendeiros do Cabo e reduzindo o poder de voto dos não brancos. O apoio também foi respaldado pela distribuição de ações das companhias de Rhodes entre eles. Presidente das duas principais companhias mineradoras, com cargo político no Cabo, Rhodes tomou posse de um novo assentamento no sul africano – a Rodésia (Zimbábue) – após forçar uma guerra com Lobengula, garantindo, assim, o controle do reino. A conquista da região significou um *boom* nas ações das companhias. Foi construída uma ferrovia que ligava Bechuanalândia (Botsuana) até Bulawayo,[11] e outra através de Zambezi até a Zâmbia.

Contudo, a situação no Transvaal ainda não estava resolvida. Após uma tentativa fracassada de invasão comandada por Rhodes, Kruger estava ainda mais determinado a manter a auto-

---

[11] Cidade e distrito no atual Zimbábue, que possui *status* de província. É a segunda cidade mais populosa do país, ficando atrás somente da capital, Harare.

nomia do Estado. O ataque sofrido aumentou sua popularidade dentro da República e fez crescer a simpatia pelo Transvaal entre os bôeres em todo país. Por outro lado, Joseph Chamberlain[12] mantinha a posição de que o interesse do Império Britânico era o de incorporar a República de alguma forma. Baseando-se na Convenção de Londres e sob o argumento de que os cidadãos britânicos estavam sendo afetados negativamente, o governo britânico enviou tropas para a colônia. O governo do Transvaal, por seu turno, procurou reequipar as forças republicanas com armas modernas, em sua maioria vindas da Alemanha, bem como reforçou o tratado de assistência com o Estado Livre de Orange, renovando o contrato de monopólio da fabricação de dinamite (crucial para a atividade mineradora). Era o início da Guerra Sul-Africana.

A Primeira Guerra Sul-Africana ou Primeira Guerra dos Bôeres foi travada entre 1880 e 1881 e garantiu a independência da república bôer do Transvaal. A Segunda Guerra dos Bôeres ocorreu entre 1899 e 1902, tendo como consequência a anexação do Transvaal e do Estado Livre de Orange às colônias britânicas do Cabo e Natal. Entre o término do primeiro conflito e o início do segundo, os bôeres resistiam atacando em forma de guerrilha, chegando, até mesmo, a invadir o Cabo. O governo britânico respondeu de forma drástica – onde a guerrilha acontecesse, fazendas nas proximidades seriam queimadas, e as mulheres e as crianças seriam agrupadas em campos de concentração. Até o final da guerra, em 1902, havia cerca de 120 mil pessoas, entre elas 4 mil mulheres e 16 mil crianças (muitas morreram de doenças), vivendo nos recém-criados campos de concentração. A estratégia de queima das fazendas e de utilização dos campos de concentração indignou parte da opinião pública britânica, bem como despertou o ódio dos bôeres.

Tanto os britânicos quanto os bôeres utilizaram os africanos como força militar, apesar de se tratar de uma "guerra de brancos". Os diários de guerra de Solomon Plaatje, um

---

[12] Secretário de Estado para as Colônias.

africano com educação formal, demonstrou que os africanos estavam muito ligados ao conflito e que, quando os senhores brancos eram levados para os campos, seus servos negros também o eram, porém em um espaço separado, onde as taxas de mortalidade eram extremamente altas (Terreblanche, 2005).

Com o fim da guerra, o governo britânico enviou à África do Sul diversos administradores graduados em Oxford para conduzirem a reconstrução do país. Foi criada uma união aduaneira entre as colônias britânicas e, como forma de controle sobre os bôeres, foi incentivada a difusão dos valores e da cultura britânica pela educação pública (como meio de instrução, a língua afrikaan poderia ser utilizada apenas cinco horas por semana, por exemplo). A retomada da atividade mineradora, nesse contexto, impulsionou a utilização do trabalho migrante, especialmente moçambicano, chinês e indiano. A pobreza e a falta de trabalho para os brancos, incorporados ao domínio britânico, suscitaram o nacionalismo africâner e os fundamentos da África do Sul racista.

A União Sul-Africana, o declínio do domínio britânico e a instituição do apartheid

A ideologia da superioridade branca e da discriminação racial era uma exigência do sistema de exploração agrária a que se dedicavam os africâneres, pois praticavam uma agricultura atrasada e pouco lucrativa em comparação com a cultura extensiva que a burguesia inglesa desenvolvia nas províncias do Cabo e Natal. O pragmatismo mercantil dos britânicos considerava a escravidão como um obstáculo à formação de um mercado consumidor, mas não deixava de estabelecer barreiras rígidas para a ascensão social e econômica dos negros.

Exemplo da postura inglesa é o Código Caledon,[13] de 1809, um sistema de servidão compulsória que foi aplicado aos khoisan no Cabo. O Código tornou obrigatório um contrato de trabalho que previa severas punições para o trabalhador que

---

[13] Lorde Caledon, na ocasião, governador do Cabo.

resolvesse mudar de emprego. Em 1841, as autoridades coloniais, a pedido dos colonizadores britânicos, introduziram um sistema designado ao emprego de "pessoas de cor" como mão de obra barata e dócil para a agricultura, mais tarde ratificado pelo Master and Servant Act [Regulamento do Mestre e do Servo], de 1843, o qual, junto com decretos posteriores, qualificava como crime a rescisão do contrato de trabalho. Por volta de 1850, os ingleses começaram a contratar negros de Moçambique, Lesoto e Botsuana, assim como indianos e chineses (esses trabalhadores não podiam levar suas famílias, recebiam apenas uma parte do salário e eram obrigados a voltar a suas regiões se perdessem o emprego). A discriminação racial e os contratos de trabalho nas províncias dominadas pelo Império Britânico tinham como objetivo forçar a redução do salário dos trabalhadores brancos mediante a utilização de mão de obra negra, quase gratuita.

Ao iniciar a exploração das minas de diamantes e de ouro, os grandes capitalistas europeus tiveram de recorrer aos operários brancos com alguma especialização e preparo intelectual. Essas pessoas, na maioria ex-fazendeiros bôeres que haviam perdido todo o seu capital na guerra de 1899-1902, e também europeus atraídos pela corrida do ouro, faziam exigências e reivindicações trabalhistas, pois conheciam o funcionamento do capitalismo industrial britânico. Os ingleses manipularam habilmente essa situação, prometendo vantagens aos trabalhadores brancos desde que se tornassem cúmplices na exploração da mão de obra negra.

Com a aprovação da Constituição da União Sul-Africana[14] (federação das províncias do Cabo, Natal, Orange e Transvaal), a população negra foi privada do direito ao voto e à propriedade da terra. A partir de 1910, quando o país se tornou independente da Coroa Britânica, juntamente com a Austrália e com o Canadá,

---

[14] Em 1910, a União Sul-Africana passou a ser um domínio do Império Britânico, portanto, com autonomia. Em 1961, foi declarada a República da África do Sul após um referendo no qual os sul-africanos brancos votaram pela separação total da Coroa Britânica e da *Commonwealth*.

várias leis segregacionistas foram implementadas. Entre elas, o Native Labour Act [Lei do Trabalho Nativo], de 1913, estendeu aos trabalhadores urbanos o sistema de submissão vigente nas fazendas, dividindo a África do Sul em duas partes – 7% do território nacional foram deixados aos negros, que representavam 75% da população, e 93% das melhores terras foram entregues aos brancos, que correspondiam a 10% da população.[15]

Nas reservas negras predominava a agricultura de subsistência e, nas demais áreas, a exploração capitalista intensiva da terra. Nessa lógica, o segundo setor passou a viver à custa do primeiro, que era visto como uma reserva permanente de mão de obra. Em 1923, o Native Urban Act [Lei dos Nativos Urbanos] limitou drasticamente a possibilidade de os negros se instalarem em cidades consideradas redutos dos brancos. Trabalhadores negros passaram a ser considerados assalariados, e seus movimentos ficaram sujeitos ao controle total por meio de medidas policiais e proibição de casamentos, entre outros impedimentos. E, ainda, o Native Affairs Act [Lei dos Assuntos Nativos] coroou o complexo estabelecimento de uma legislação segregacionista, regulando o sistema de exploração do trabalho negro.

Até a Primeira Guerra Mundial, os interesses econômicos dos brancos eram baseados na complementação da mineração com a agricultura intensiva. Com a recessão do mundo capitalista no pós-guerra houve uma significativa queda nas taxas de lucratividade das minas, obrigando as grandes companhias a contratarem trabalhadores negros. Esse fato acabou por provocar o embate entre os trabalhadores assalariados. A greve de Rand, em 1922, foi duramente reprimida pelo governo. A maioria dos grevistas era formada por brancos pobres, descendentes dos bôeres que haviam perdido suas terras, e encontravam dificuldades de acesso à nascente estrutura industrial do país, tornando-se, assim, alvo fácil da propaganda nacionalista africâner de extrema direita.

---

[15] Não foram considerados os mestiços e asiáticos.

Enfatizando as injustiças patrocinadas pelos britânicos e pelo capital estrangeiro e exagerando os perigos da *"black swamping"* ["inundação negra"], os ideólogos africâneres obtiveram sucesso em criar uma "síndrome de vitimização", quando reafirmavam a ameaça de outros grupos – primeiro, a exploração "de cima", realizada pelos britânicos colonialistas e pelo capitalismo liberal; segundo, vinda "de baixo", oferecida pela maioria africana contra a cultura e o bem-estar africâner.

Esses nacionalistas, vencedores nas eleições de 1924, juntamente com seus aliados do Partido Trabalhista, representante da burguesia nacional urbana, promoveram o rompimento com a política liberal implementada pelos defensores dos grandes monopólios mineiros e impuseram medidas protecionistas. Os objetivos eram tentar neutralizar a evasão dos lucros das companhias mineiras sediadas no exterior e utilizar os recursos da agricultura branca para iniciar um processo de industrialização interna, capaz de satisfazer os interesses dos trabalhadores de origem europeia.

O surgimento de um capitalismo de Estado promovido pelos nacionalistas permitiu ao país um rápido crescimento. Foram criadas siderurgias, estradas de ferro e centrais elétricas, em um momento, classificado por muitos, como "milagre econômico". Entretanto, ao final da década de 1920, uma nova crise foi anunciada com a queda do preço do ouro no mercado internacional, colocando em risco também a aliança entre nacionalistas e trabalhistas. A direita nacionalista, para sobreviver no poder, abandonou a aliança com o Partido Trabalhista e se apoiou no outrora rechaçado capital estrangeiro. Nessa direção, os africâneres continuavam controlando o poder e mantinham o sistema de segregação racial. A reconciliação com a elite pró-britânica, embora permitisse a ampliação dos lucros "estrangeiros", garantiu a organização interna em relação ao sistema segregacionista. Todavia, o novo surto industrial, que resultou no aumento do número de negros empregados no setor, reabriu o debate entre nacionalistas e pró-britânicos.

Ao discurso nacionalista africâner somaram-se elementos fascistas manifestos, como, por exemplo, na sociedade secreta Afrikaner Bond [Irmandade Africâner]. Na década de 1940, com a crescente urbanização, o medo da "inundação negra" se tornou expediente para os ideólogos africâneres enfatizarem a pureza étnica e a necessidade de evitar a miscigenação. Nessa direção foi criada a agressiva ideologia do Partido Nacional, de racismo explícito, que se cristalizaria no apartheid. Todavia, não se pode esquecer que o fator econômico teve papel crucial na formulação do nacionalismo africâner. A maior parte dos africâneres se sentia inferior em relação aos demais brancos. Eles tinham nível educacional inferior e renda *per capita* também menor. Logo, seu lugar na economia era reduzido. Tudo isso os levava a culpar o sistema britânico por essa situação. A ideologia nacionalista africâner tinha um fim em si mesma – a mobilização por poder étnico buscava atingir poder e riqueza, assim como o racismo mantinha a subordinação das alegadas raças inferiores, de forma a criar um espaço para os africâneres atingirem seus objetivos políticos e econômicos. A recessão no pós-Segunda Guerra Mundial repetiu o fenômeno, quando os brancos pobres, ameaçados pelo desemprego, elevaram seu racismo com o *slogan Gevaar Kaffer, Koelie, Komunismus* [Cuidado com os negros, com os indianos e com o comunismo].

De qualquer forma, foi a partir de 1948 que, efetivamente, o apartheid foi instituído, e a fusão estabelecida em 1934 pelo Partido Unido – reunindo o Partido Nacional e o Partido Sul--Africano (que contava com o apoio da população de origem inglesa e de uma parcela menos significativa dos africâneres) – chegou a seu fim. Era a primeira vez que um partido exclusivamente africâner chegava ao poder. Sem experiência, os africâneres, relativamente pobres, passaram a controlar a riqueza nacional em surpreendentes 25 anos, utilizando poder político e mão de obra barata para a industrialização. Com os nacionalistas novamente no poder de forma "independente", a União Sul-Africana entrou em uma fase muito mais complexa, quando foram produzidas mudanças políticas, econômicas e sociais que forjaram um país, de certa forma, na "contramão da história". O que caracterizou o novo período foi a dissociação entre poder político e poder econômico. A população de origem inglesa manteve o poder econômico, enquanto os africâneres passaram a deter o poder político. Assim, o apartheid se tornou um dos pilares do novo surto de desenvolvimento.

Embora a institucionalização do apartheid fosse contrária à opinião pública mundial no pós-Segunda Guerra Mundial, e esse fato tenha levado a União Sul-Africana a um relativo isolamento, a percepção que o novo governo procurou desenvolver em relação à política externa do país, diante da sua posição geoestratégica e da extensão da guerra fria para cenários secundários, foi a de se identificar como um "país europeu estabelecido na África". É preciso levar em conta que a elite branca mantinha vínculos tradicionais com a Europa Ocidental e, posteriormente, com os Estados Unidos. Geograficamente, o país se encontra na confluência de rotas marítimas e possui, em seu subsolo, riquezas minerais importantes para o desenvolvimento econômico moderno de que o Ocidente necessita.

A União Sul-Africana explorou essa circunstância com propósitos de ordem política, econômica e de segurança. No contexto doméstico, os nacionalistas tinham como objetivo a conquista total do poder, com a consolidação da independência do país e a substituição da anglofilia predominante por uma cultura que promovesse os valores africâneres. No plano econômico, esforçaram-se em promover e introduzir o capital africâner no coração da economia – o setor de mineração –, ainda reduto do capital de origem inglesa e dos investidores externos. O Estado passou a ter expressiva participação na economia, permitindo a expansão da indústria de substituição de importações nos setores siderúrgico, químico, de minerais processados, energético e, mais tarde, de armamentos.

A agenda do Partido Nacional, antes das eleições de 1948, buscava criar uma nova ordem socioeconômica. A proposta era de estruturar a economia de forma a livrar os africâneres do capitalismo liberal, adaptando-o às suas necessidades nacionais;

implementar o apartheid como solução ao "problema nativo"; adotar uma política de bem-estar para os africâneres, resolvendo o problema da pobreza entre os brancos, e, assim, remediar as "injustiças do passado". No entanto, essa agenda não podia dar a falsa impressão de que havia um grande plano para atingir essas metas, mas, ao mesmo tempo, não podemos negar "certo método na loucura do apartheid" (Posel, 1987).

O APARTHEID E A SUPREMACIA AFRICÂNER

O Partido Nacional, então, venceu as eleições de 1948 com o *slogan* "apartheid". O governo de Pretória foi conduzido pelo primeiro-ministro Daniel François Malan (1948-1954) e, posteriormente, por Johannes Gerhardus Strijdom (1954-1958). Uma vez no poder, o Partido Nacional falhou em implementar um sistema socioeconômico novo. A simbiose entre Estado e capital estrangeiro foi mantida com pequena adaptação depois de 1948, por duas razões. Primeiro, havia o entendimento de que o sistema de subjugação dos negros era mais vantajoso do que uma disputa acirrada com os britânicos, seguindo, assim, a dinâmica do "capitalismo racial". Segundo, foram os africâneres mais pragmáticos (fazendeiros e corporações africâneres do oeste do Cabo), e não seus ideólogos, que convenceram o Partido Nacional a usar esse sistema para se desenvolver, em vez de reestruturá-lo.

Em dez anos o Partido Nacional estatizou setores importantes, ao mesmo tempo que estimulava o setor privado. Quase todos os departamentos de Estado foram trazidos para o controle africâner. A burocracia e os empregos estatais ajudaram a promover a política de bem-estar e a acabar com o problema dos brancos pobres. Os africâneres conquistaram sua "terra prometida" por duas vias – por meio de um sistema dinâmico e ascendente de "capitalismo racial" (controlado pelo setor corporativo britânico e um crescente setor de controle africâner) e pela constituição de uma pesada burocracia estatal (controlada pelo Partido Nacional). Enquanto programava as políticas do apartheid, o Partido Nacional construiu uma imensa estrutura organizacional que controlava não só a movimentação dos africanos, mas seu modo de viver, os padrões de trabalho e a vida cultural e intelectual. Foram criadas inúmeras leis discriminatórias e segregacionistas, que buscavam responder às demandas dos agricultores e industriais.

Naquele momento, ainda não estava bem claro o que a "separação" poderia significar, mas já poderia ser reconhecida a ideia da separação de grupos específicos de pessoas. O critério pelo qual essas pessoas seriam demarcadas não era racial, pelo menos no sentido formal da palavra. Existia, evidentemente, um tom pejorativo de intenso conteúdo racista dentro do imaginário do Afrikanerdom,[16] que foi preservado em toda a sua pureza. Entretanto, o Estado se encarregou de organizar a sociedade sul-africana em categorias nacionais pela Lei de Registro da População, de 1950 (em 1949 já fora instituída a Lei de Casamentos Mistos), congelando essas categorias com a Lei da Imoralidade, também de 1950, que tratava apenas da imoralidade das relações sexuais heterossexuais pela linha de cor.

Com a Lei de Registro da População, as famílias poderiam ser divididas, com parentes transferidos, ao serem classificadas em categorias distintas. Foram abertos inúmeros processos com vistas à "reclassificação". O sofrimento do povo sul-africano foi subserviente à ordem que o Partido Nacional pretendia impor sobre a terra e ao objetivo de controlar a maioria dos africanos dentro dos centros urbanos. Em parte como forma de minimizar a oposição ao projeto que se estabelecia, em parte como reação às tendências internacionais dos primeiros anos da guerra fria, o governo também agiu contra o SACP e contra uma série de outras organizações ao aprovar a Lei de Repressão ao Comunismo, em 1950.

Nos documentos programáticos do Partido Nacional havia pelo menos duas visões contraditórias em relação ao

---

[16] Comunidade africâner defensora do nacionalismo baseado no orgulho da língua e da cultura, no calvinismo conservador e no sentimento de herança do pioneirismo de seus ancestrais.

apartheid. Na primeira corrente, estavam os visionários que defendiam uma dissociação total entre brancos e negros para frear e reverter o processo pelo qual a África do Sul se tornara um país economicamente integrado. Trabalho migrante para as minas poderia ser permitido, mas para o resto acreditava-se que, em longo prazo, o poder branco não poderia sobreviver ao peso esmagador do número de africanos. Pressupunha-se, assim, que o eventual aumento da mecanização e a maior utilização de mão de obra branca permitiriam o desenvolvimento do trabalho sem mão de obra negra.

Sob outro ponto de vista, se situavam, por exemplo, os fazendeiros do Transvaal, que haviam apoiado o Partido Nacional a fim de se garantirem de trabalho negro, bem como os industriais, particularmente aqueles que tinham surgido recentemente com a ajuda do capital africâner, que também não estavam dispostos a arriscar seus negócios por alguma futura "utopia branca". O que eles queriam do governo era a garantia da disponibilidade de força de trabalho negra, a qual deveria ser disciplinada e barata.

A conciliação diante dessa divergência de interesses coube a Hendrik Frensch Verwoerd, quando ascendeu ao cargo de primeiro-ministro (1958-1966). Articulador da teoria do desenvolvimento separado, Verwoerd agregou novas características ao apartheid. Em 1948, foi derrotado nas eleições parlamentares, mas foi nomeado para o Senado, e, em 1950, foi feito ministro dos Assuntos Nativos. No Departamento de Assuntos Nativos, Verwoerd tentou resolver os problemas increntes às exigências do apartheid por meio da Política de Preferência do Trabalho Urbano. A ideia era não permitir acesso ao trabalho nas cidades a nenhum negro, até que todos os brancos que ali estivessem fossem absorvidos pelo mercado de trabalho.

Como forma de controlar essa situação, uma consistente burocracia foi criada, como referido anteriormente, encarregada de distribuir os negros africanos entre as diversas empresas nas cidades. Além disso, o movimento dos negros dentro do país foi restringido e controlado. A intitulada Lei de Passes e

Documentos, de 1952, exigiu que todos os africanos negros transportassem um "livro de referência", no qual o histórico de seus empregos e de residência fosse anotado. Juntamente à Emenda sobre as Leis dos Nativos, do mesmo ano, admitiu-se que havia africanos negros definitivamente urbanizados e, assim, lhes foram concedidos direitos de residência permanente nas cidades. Para qualificar essa condição, cabe destacar a notória Seção 10 dessa lei, a qual definia que o indivíduo deveria ter nascido na cidade ou ter trabalhado continuamente para o mesmo empregador por dez anos, ou para empregadores diferentes por quinze anos, para garantir o direito. As mulheres também poderiam adquirir os mesmos direitos casando com homem que os tivesse conquistado. Até o final dos anos 1950, as mulheres não foram obrigadas a tirar os livros de referência. Contrariamente às suas intenções, essas leis permitiram, gradativamente, o aumento contínuo de africanos negros residindo de forma permanente nas cidades.

Havia outras duas unidades principais associadas a essa política durante a década de 1950. A primeira foi sobre o espaço urbano. Em algumas cidades houve enclaves onde os negros conseguiram adquirir e assegurar a propriedade fundiária. Eram espaços nos subúrbios, longe do controle dos funcionários do Estado. O mais notável desses espaços foi Sophiatown, 7 quilômetros a noroeste do centro da cidade de Johanesburgo. A região se tornou um dos principais alvos do governo, em parte porque o Partido Comunista era fortemente representado ali, e, em geral, porque o local constituiu-se como o núcleo da vida cultural dos negros de Johanesburgo.

Entre outras facetas da vida sociocultural sul-africana, a música constituiu-se como reação ao novo panorama de suas cidades. Duas vertentes principais podem ser discernidas. Uma delas, conhecida como *isicathamiya*, é cantada a capela por coros masculinos, dos quais o mais famoso, tanto no país como internacionalmente, foi Ladysmith Black Mambazo. Trata-se de um estilo zulu que articulava em suas canções a situação do país e da cidade, muito influenciado em sua formação pelas canções dos casamentos zulu, bem como pelos grupos menestréis dos Estados Unidos que visitaram a África do Sul no final do século XIX. O outro estilo principal é o jazz, que se desenvolveu, sobretudo, no Witwatersrand, também fortemente influenciado pelos discos norte-americanos. Sua evolução foi precoce, pois surgiu do desenvolvimento de grupos da elite *vaudeville* e do estilo *marabi*, tocado no piano nos *shebeens* das favelas e, muitas vezes, acompanhado por dança com forte apelo sexual e mulheres *famo*. Nas décadas de 1940 e 1950, especialmente em Sophiatown, os negros se reuniram para desenvolver o "jazz maduro", conhecido como *mubaqanga*. A partir desse meio, uma série de artistas de renome surgiu, principalmente o saxofonista Kippy Moeketsi, a vocalista Miriam Makeba, o trompetista Hugh Masekela e o pianista Dollar Brand (Abdullah Ibrahim), sendo que os três últimos partiram para o exílio na década de 1960. Por um breve momento, o jazz foi associado aos escritores negros da *Drum Magazine*, incluindo Henry Nkhumalo, Matshikiza Todd, Lewis Nkosi e Es'kia Mphahlele, em um curto espaço de florescimento da criatividade literária e musical (Ross, 1999).

Os ataques do governo, que levaram à desarticulação da área no decorrer de 1956 e à expulsão dos moradores dos novos núcleos urbanos, que passaram a compor Soweto,[17] foram apresentados como uma política de remoção de favelas, embora, de fato, constituíssem mais um movimento contra os opositores políticos.

A segunda unidade tem a ver com a educação. A evolução nesse ponto foi ambivalente. Antes de 1948, a educação negra havia ficado quase que exclusivamente nas mãos das missões. Com a introdução do apartheid, as escolas destinadas aos negros foram completamente desorganizadas e, além disso, atendiam apenas a uma pequena parte dos alunos em potencial. Cerca de 30% das crianças com idades entre 7 e 16 anos frequentaram a escola em 1949, por exemplo. A iniciativa de Verwoerd em promover o que ficou conhecido como Educa-

---

[17] *South West Township* [Cidades do Sudoeste].

ção Bantu teve um efeito duplo. Por um lado, deixou a educação africana sob o firme controle do Estado. O sistema escolar foi conscientemente usado para difundir a mensagem do apartheid. O *ethos* que permeava a política educacional, pelo menos fora das reservas, era o de que o ensino africano deveria ser limitado às habilidades para a manutenção do funcionamento da economia branca, e sua ênfase se dava nas competências básicas aprendidas nos primeiros quatro anos na escola. Por outro lado, o número de pessoas que foram incluídas no sistema educacional aumentou de maneira substancial com a introdução da Educação Bantu.

Contudo, uma alta taxa de crescimento nacional foi mantida. Durante o apogeu do regime, as disparidades econômicas entre brancos e africanos aprofundaram-se absurdamente, aburguesando os africâneres e proletarizando e empobrecendo os africanos. A implementação das políticas de "ação afirmativa", de melhorias sociais, levou o Partido Nacional a estabelecer sua política fiscal para taxar os ingleses mais ricos e aumentar, assim, os gastos sociais com a pequena população africâner. Não obstante, essa política de favoritismo era ainda mais vantajosa para os africâneres das classes mais altas, os quais enriqueceram e ficaram mais poderosos, pois, no final da década de 1950, o Partido Nacional mudou o foco de ajuda aos pobres e passou a apoiar os fazendeiros ricos e empresários emergentes.

Porém, não foram apenas os africâneres que se beneficiaram das políticas do apartheid. Nenhum inglês, por exemplo, declinou de lucrar com a "interferência" do Partido Nacional. Durante os anos 1950 e 1960 a União Sul-Africana (ou África do Sul) foi fortemente apoiada pelos países industriais. A intensa exploração de trabalhadores africanos, a alta margem de lucro e o aumento do preço do ouro contribuíram para a entrada de investimentos estrangeiros. O Investimento Estrangeiro Direto mais do que dobrou entre 1960 e 1972 (Terreblanche, 2005). O direcionamento capitalista do Partido Nacional pode ser explicado também pela força que adquiriram as crescentes corporações africâneres (públicas e privadas) – associações e câmaras de agricultura, indústria e comércio, por exemplo.

A simbiose entre Estado e capital atingiu seu propósito de acumulação. No entanto, a política racista era fortemente questionada pela sociedade e suas organizações de libertação. Os protestos tornar-se-iam cada vez mais violentos, embora o poder branco não tenha sido ameaçado até os anos 1970. Até então, o Partido Nacional estava mais preocupado com sua base eleitoral (inclusive na Namíbia) do que com as pressões internas e as possíveis pressões internacionais, como as protagonizadas pela ONU e OUA.

A África do Sul, como país periférico, foi submetida, historicamente, à inserção na economia mundial como exportadora de produtos primários. Com o final da Segunda Guerra Mundial, o país desenvolveu um processo de industrialização por substituição de importações, que deu lugar à criação de setores industriais voltados para o mercado interno e dependentes de altas barreiras tarifárias. Os sucessivos governos do Partido Nacional, entre 1948 e 1994, perseguiram o objetivo de assegurar aos empresários e agricultores africâneres (suas bases eleitorais) a inclusão na dinâmica econômica do país. Esse privilégio, necessariamente, teria de se sustentar por meio da mão de obra barata e não especializada da maioria negra.

A política econômica adotada durante esse período, a industrialização por substituição de importações (sustentada pelo excedente da exploração do ouro), fez da África do Sul um dos dez países mais ricos do mundo, segundo o FMI. Foram criadas tarifas protecionistas na tentativa de desenvolver um setor industrial local e, quando as sanções internacionais começaram a causar problemas, o governo sul-africano buscou alcançar a autossuficiência no maior número de áreas possíveis. Como resultado desse esforço, a indústria tornou-se o setor mais importante da economia sul-africana nos anos 1960, e sua contribuição para o PIB era maior que o da mineração e da agricultura juntas.

Todavia, o setor industrial orientava-se em direção ao segmento do mercado interno de maior renda e para a produção de bens "estratégicos", tais como armas e combustíveis.

Embora o objetivo do programa dos nacionalistas fosse o de atingir os níveis máximos de autossuficiência, o setor industrial continuava altamente dependente da importação de bens de capital financiados pela moeda estrangeira, obtida com a exportação de produtos primários. Dessa forma, mesmo diante do isolamento político, a economia sul-africana nunca esteve completamente desligada do resto do mundo. A participação no comércio internacional era a origem de pelo menos 50% do PIB durante todo esse período (Butler, 2004).

Os últimos anos do sistema do apartheid viram esse modelo de acumulação afundar-se em uma crise cada vez mais profunda, fortemente vinculada à crise social e política do próprio apartheid. Assim, após o surto de expansão dos anos 1960, a economia sul-africana ingressou em uma crise estrutural entre os anos 1970 e 1980. O crescimento do PIB caiu para uma média de 3,3% e, além disso, tornou-se volátil. A taxa de crescimento da demanda interna declinou de 6,9% para 3,6% ao ano nesse período. Todos os componentes da demanda, tais como consumo público, privado e investimentos, apresentaram uma rápida desaceleração. A contribuição do comércio internacional para o crescimento tornou-se negativa, com as importações crescendo mais rapidamente que as exportações, o que veio a se constituir no principal fator dos problemas de balança de pagamentos.

O aumento dos preços do petróleo causado pela crise de 1973 não afetou significativamente a África do Sul. O impacto negativo dessa crise foi compensado pelo aumento dos preços dos produtos primários para a exportação. Esse aumento afetou principalmente o preço do ouro, que subiu rapidamente a partir de 1973, quando o padrão-ouro foi definitivamente abandonado. Por outro lado, o desempenho das exportações de produtos industrializados deteriorou-se, fato que muitos analistas atribuem à falta de competitividade dos produtos sul-africanos.

Após o levante de Soweto, em 1976, houve também um declínio nos índices de investimentos. Dessa forma, durante a década de 1980, três acontecimentos provocaram a recessão da economia, anunciando o fim do apartheid (Le Pere, 2006). Em primeiro lugar, a queda dos preços do ouro, que começou em 1981, reduziu as receitas cambiais e prejudicou a lucratividade das minas. O preço do ouro declinou de maneira constante entre 1981 e 1985. Essa queda, que afetou também outras matérias-primas, levou a uma diminuição das exportações e a uma desvalorização do rand sul-africano, ao mesmo tempo que causava também reduções drásticas nos ingressos orçamentários.

Em segundo lugar, na medida em que a queda dos preços das matérias-primas provocava impactos graves nas receitas fiscais, as despesas orçamentárias necessárias para manter em funcionamento a máquina do apartheid e assegurar a sobrevivência do regime tornavam-se exorbitantes. Agravando ainda mais esse quadro, o isolamento cada vez maior do país, não apenas em nível internacional, mas fundamentalmente em termos regionais após a independência de Angola, de Moçambique e do Zimbábue, além das despesas militares e das despesas com a manutenção do aparato estatal de segurança, tornaria o sistema insustentável. Os custos políticos do apartheid ligavam-se também à tarefa de deslocar milhões de pessoas negras para as terras natais de sua etnia e aos investimentos em construção correspondentes, bem como às medidas fiscais destinadas a atrair investimentos para criar empregos e fixar essas populações nessas terras.

Por fim, devem-se considerar as sanções financeiras impostas à África do Sul. A crise da dívida de 1985 levou a uma retirada de crédito generalizada. Pouco depois, o país foi obrigado a declarar moratória de seu serviço de dívida. Após a crise da dívida de 1985 e o efeito das sanções, a fuga de capitais aumentou, e, em 1989, a recessão estava instalada, só vindo a ter fim em 1993.

O alto custo de manter o isolamento econômico em um mundo que se globalizava levou a África do Sul a mudar de rumo. No final dos anos 1980, o regime do apartheid havia transformado o país em um campo de batalha – envolvido em uma guerra convencional em Angola e em processos menos evidentes de desestabilização em vários outros países, sem falar na instabilidade interna – não conseguindo, portanto, cumprir com seus objetivos iniciais. O apoio dos tradicionais parceiros econômicos não resistiu diante da crise, e as condenações ao regime se intensificaram.

As investidas regionais sul-africanas não intimidaram os Estados vizinhos, tampouco conseguiram forçá-los à submissão que bloquearia a luta pela liberdade, ainda que as tentativas de desestabilização tivessem deixado um rastro de destruição econômica e de insegurança humana. Internamente, a resistência tendeu a fortalecer-se diante da radicalização da crise econômica e política. A desigualdade socioeconômica de inspiração racial entre os diferentes grupos da África do Sul e o enorme contingente de refugiados tornaram-se problemas que o país e a região teriam de solucionar.

2. Protesto, luta armada e repressão
(1960-1976)

Os movimentos antiapartheid:
do protesto às ações armadas

O processo que conduziu à estruturação do regime do apartheid foi acompanhado pela luta antirracista. Em 1912, foi fundado o CNA, primeira organização política dos negros sul-africanos.[1] Seus criadores, egressos das escolas mantidas por missionários europeus, alguns deles com estudos e títulos obtidos em universidades norte-americanas e europeias, estabeleceram um programa inicialmente conciliador para uma África do Sul multiétnica. Os primeiros líderes do CNA acreditavam que poderiam discutir com os africâneres o conteúdo injusto das leis de segregação racial e pensavam também convencer os liberais britânicos a admitir a coparticipação dos negros nas questões políticas. Logo a perspectiva inicialmente adotada pelos líderes do CNA seria posta à prova diante da greve de 40 mil mineiros negros, em 1920. Nesse período foi fundado o Sindicato de Comércio e Indústria, que reunia os trabalhadores negros, e, em 1921, foi fundado o SACP, em sua maioria, integrado por brancos.

Na década de 1940, o CNA adotou uma estratégia de resistência não violenta em relação às leis segregacionistas. Mesmo depois do estabelecimento do apartheid, em 1948, houve uma década de protestos pacíficos conduzidos pelo CNA e seus aliados. Entretanto, essa estratégia falhou em produzir qualquer tipo de mudança, o que levou a organização a recon-

---

[1] O Congresso Nacional Africano comemora seu centenário em 2012.

siderar a sua posição. Em 1955, o CNA conseguiu ampliar a frente antirracista por meio da chamada Carta da Liberdade, subscrita também pelos movimentos de indianos, de mulatos, de liberais e de socialistas. O CNA, revigorado com a fundação da Liga da Juventude, em 1940, tinha problemas suficientes em torno dos quais se mobilizar. Muito do seu trabalho era auxiliado tanto por indivíduos negros quanto brancos, membros do SACP, organização clandestina revigorada em 1953 para incluir seus membros mais ativos depois do desmantelamento decorrente da Lei de Supressão ao Comunismo. Embora o CNA estivesse aberto apenas para os africanos, os seus simpatizantes não africanos poderiam tornar-se membros do Congresso Sul-Africano Indiano, do Congresso dos Povos de Cor e do (branco) Congresso Sul-Africano dos Democratas, que em conjunto constituíram o que ficou conhecido como o Congresso da Aliança.

A Carta da Liberdade foi adotada no Congresso do Povo, em Kliptown, a 26 de junho de 1955. A desafiadora campanha, supostamente nacional, organizada a partir do Transvaal, com Nelson Mandela como chefe voluntário, na verdade teve impacto apenas relativo nas diversas partes do país. Ela apresentava uma denúncia radical do apartheid e discutia sua abolição, bem como defendia a redistribuição da riqueza. A Carta defendia também a igualdade de direitos e o controle do Estado sobre os minerais, bancos e indústrias. Logo, seus membros foram acusados de comunistas, e o governo reagiu prendendo 156 líderes negros. Segue o trecho inicial da referida Carta:

> Nós, Povo da África do Sul, declaramos para todo o nosso país e para o mundo, a saber:
>
> Que a África do Sul pertence a todos os que nela vivem, negros e brancos [...].
>
> Que foram roubados do nosso povo o direito inato à liberdade da terra e à paz por uma forma de governo fundada na injustiça e na desigualdade.
>
> Que o nosso país deve ser próspero ou nunca será livre [...].

Que somente um Estado democrático, baseado na vontade de todo o Povo, pode garantir o direito de primogenitura, sem distinção de cor, sexo, raça ou crença.

E, portanto, nós, Povo da África do Sul, negros e brancos, compatriotas e irmãos, adotemos esta Carta da Liberdade.

E nos comprometamos a lutar juntos [...].[2]

Durante a Segunda Guerra Mundial, foram intensas as atividades de mobilização social, quando se verificaram mais de 300 greves envolvendo 58 mil trabalhadores negros e 60 mil brancos, representando uma alteração do sistema político imposto pelos africâneres. Essas greves provocaram o surgimento, dentro do CNA, de um setor mais radical liderado por Nelson Mandela e Oliver Tambo, que assumiram posições de comando dentro da organização. Em 1958, setores do CNA que discordavam da política multirracial do movimento, inspirados pela independência de Gana (1957), criaram o PAC, liderado por Robert Sobukwe. Em 1960, o PAC convocou manifestações para protestar pacificamente contra a lei que limitava o movimento dos trabalhadores negros em áreas reservadas aos trabalhadores brancos, bem como contra as demais leis do apartheid.

Em termos nacionais, a grande campanha que o CNA lançou foi em desafio às novas leis que haviam sido apresentadas pelo Partido Nacional. A campanha começou no inverno de 1952, em continuidade e sob a inspiração das manifestações maciças de protesto que foram realizadas em função das comemorações ao tricentenário de chegada de Van Riebeeck. A repressão não tardou, e inúmeras prisões foram realizadas no Cabo Oriental, e também nas cidades de Port Elizabeth e sua vizinha próxima, Uitenhage. Havia boas razões para isso. A área tinha uma longa tradição de militância, remontando às guerras de resistência do século XIX. A força de trabalho de Port Elizabeth não havia sido

---

[2] Tradução da autora. A "Carta da Liberdade" pode ser acessada na íntegra através da *homepage* do Congresso Nacional Africano. Disponível em: <www.anc.org.za>. Acesso em: 26 jan. 2012.

plenamente integrada à expansão industrial do país. Entretanto, na década de 1940, a atividade sindical, liderada por ativistas do Partido Comunista, principalmente Raymond Mhlaba, era forte.

O impacto da campanha do CNA foi variado nas diferentes regiões do país. Certas políticas se chocaram mais acentuadamente em áreas específicas. A dura repressão e os planos para a destruição do bairro negro de Sophiatown levaram à ampliação do apoio ao CNA e à militância em geral em Johanesburgo. Protestos contra o aumento dos custos de transporte tomaram a forma de boicote à utilização de transportes coletivos em Alexandra e também em Evaton, parte da área em expansão industrial no Rio Vaal, ao sul de Witwatersrand. A oposição à introdução da Educação Bantu estava concentrada nos municípios do East Rand, como Brakpan, e no Cabo Oriental, a região com maior tradição de missão educacional. Por outro lado, as medidas que exigiam que as mulheres carregassem passes encontrou resistência em quase todo o país, principalmente porque tinham um impacto em pelo menos metade da população adulta.

Durante a década de 1950, as lideranças do CNA davam pouca atenção ao potencial que existia dentro das reservas para o ativismo político. A relativa negligência das reservas, não ocorreu, evidentemente, por falta de questões em torno das quais organizar a população, mas abriu espaço para a intervenção do Estado. O governo sul-africano passou, então, a reestruturar o mapa político da África do Sul, com consequências de longo alcance para as reservas sul-africanas. Os visionários idealistas do apartheid perceberam que a segregação total nas cidades exigia a edificação de economias supostamente viáveis e unidades políticas para as populações negras longe dos centros urbanos, que passariam a ser ocupados apenas pelos brancos. Além disso, eles esperavam que pudessem difundir uma espécie de nacionalismo tribal sul-africano, fomentando a lealdade aos grupos étnicos nos quais as populações negras supostamente teriam sua origem.

Aqueles que foram identificados como governantes dentro das reservas – os chefes tradicionais – foram cooptados e se tornaram funcionários assalariados, que ou executavam as ordens do governo ou corriam o risco de demissão e consequente perda de seus salários e poder. De qualquer forma, o processo de reconstrução das reservas permitiu a essa "elite negra" o acesso aos recursos do Estado e a um relativo enriquecimento à custa dos seus compatriotas.

Não surpreendentemente, esses desenvolvimentos deram origem a uma série de revoltas rurais na década de 1950. Provavelmente a mais dramática foi na Pondolândia e áreas adjacentes do Transkei. Lá, a presença cada vez maior das agências do governo era vista como ilegítima, como um exercício de poder do Estado de forma muito mais direta do que anteriormente. O resultado foi a intensificação do conflito, particularmente na divisão leste da Pondolândia, onde o chefe, Botha Sigcau, era extremamente impopular. Em 1960, a região efetivamente experimentou uma grande revolta. A resposta do governo foi declarar estado de emergência e esmagar a rebelião com extrema violência. O governo alegou que os quadros do CNA foram responsáveis por fomentar a revolta. No decorrer de 1960, os confrontos entre os movimentos nacionais de libertação e o governo ganharam novas proporções.

O PAC foi fundado por pessoas que viviam nas cidades ligadas a Johanesburgo, particularmente em Orlando, uma das áreas que foi incorporada a Soweto. No entanto, sua força estava nas áreas em que, por uma razão ou outra, o CNA tinha sido incapaz de estabelecer sua presença. Estas eram, sobretudo, as áreas em torno da Cidade do Cabo, principalmente Langa e Nyanga, e os municípios de Vaal, ao sul de Johanesburgo, em torno das cidades recém-industrializadas de Vereeniging e Vanderbijlpark. Estas últimas incluíam Sharpeville, uma cidade--satélite situada entre as duas cidades brancas.

A campanha do PAC de março de 1960 implicou na marcha de grande número de pessoas para as delegacias de polícia local, onde pretendiam queimar seus passes. Em 21 de março, grandes manifestações foram realizadas em toda a região de Vaal. Aproximadamente 20 mil pessoas convergiram para a delegacia de polícia em Evaton e outras 4 mil, para a de Vanderbijlpark. As manifestações foram dispersas por cassetetes e ameaçadas por aviões em voos rasantes. No entanto, tais táticas não tiveram o mesmo efeito para as aproximadamente 5 mil pessoas que se reuniram em frente à delegacia de polícia de Sharpeville. Confrontada com uma situação que não conseguia controlar, a polícia atirou ostensivamente contra a multidão armada com pedras. Sessenta e nove pessoas, dentre elas oito mulheres e dez crianças, foram mortas e 180 ficaram feridas.

Embora os tiroteios em Sharpeville tivessem o efeito de amortecimento das manifestações nas cidades de Vaal, a notícia dos ataques apenas exacerbou as atividades em torno da Cidade do Cabo. Estas culminaram, no dia 30 de março, em uma marcha de Langa e Nyanga até o centro da Cidade do Cabo, uma das capitais conjuntas do país, onde, naquele momento, o Parlamento estava estabelecido. A marcha foi liderada por Philip Kgosana. Kgosana, então com 23 anos e vindo do Transvaal Ocidental, havia conseguido uma bolsa de estudos na Universidade da Cidade do Cabo, mas, desanimado pela pobreza e pelas dificuldades, abandonou os estudos para se tornar um organizador de tempo integral do PAC. As manifestações levaram à suspensão temporária das Leis do Passe, que foram restabelecidas dez dias depois. Um cordão militar foi acionado ao redor de Langa e Nyanga e o estado de emergência foi proclamado. Esse foi o início de um período de repressão que, em maior ou menor intensidade, durou aproximadamente três décadas.

A resposta oferecida pelo regime foi uma ação policial com força brutal. O governo isolou distritos, prendeu milhares de pessoas e colocou o CNA, o PAC e o Partido Comunista na ilegalidade. O Massacre de Sharpeville foi, assim, o ponto de inflexão na estratégia dos movimentos nacionais de libertação, principalmente do CNA e do PAC, justamente no momento em que duas dezenas de países alcançavam sua independência na África.

A luta antirracista, que originalmente propunha-se conciliadora, sofreu uma mudança radical após esses episódios. O CNA formou um braço armado, o *Umkhonto we Sizwe*, ou MK ["Lança da Nação"], e o PAC organizou o *Poqo* ["Somente Nós"]. O MK iniciou a sua luta armada em 16 de dezembro de 1961, com uma série de atos simbólicos de sabotagem, ao mesmo tempo que inaugurou uma campanha, pela distribuição de panfletos, que anunciava a sua formação e seus propósitos. Em seu manifesto, o grupo declarou que "chega o momento na vida de qualquer nação em que restam apenas duas opções – submeter-se ou lutar. Esse tempo chegou para a África do Sul" (Cherry, 2011).

A percepção sobre a inevitabilidade da resistência armada foi amplamente aceita entre as populações oprimidas nos espaços coloniais nos anos 1960 e 1970. No entanto, também havia aqueles que pensavam não terem se esgotado os protestos que caracterizaram os anos 1950, tampouco que eles tivessem sido ineficazes. Muitos sindicalistas e líderes religiosos ainda se mantinham comprometidos com a continuidade e o fortalecimento de suas organizações e instituições como espaços de oposição ao apartheid. A grande adesão de cristãos aos quadros do CNA, bem como de ativistas influenciados pela tradição que Gandhi legou à política sul-africana de resistência pacífica à opressão, produziu um impacto importante sobre a organização da resistência.

Apesar de a decisão de recorrer à luta armada não caracterizar algo novo no contexto africano, os eventos ocorridos nas três décadas subsequentes não foram fáceis para a guerrilha sul-africana. Os membros da MK eram recrutados nos quadros do CNA e do Partido Comunista. Como este havia sido banido em 1950, logrou obter alguma experiência como organização clandestina. Os comunistas foram, assim, influentes desde a formação da MK, devido às habilidades técnicas de seus membros e às suas teorias sobre a revolução. Como elemento central a ser enfatizado naquele momento estava a ideia de "unidade em ação", e não de separação racial. Nesse sentido, ativistas brancos, negros, mulatos e indianos, bem como as diferentes organizações, deveriam convergir em prol dos interesses coletivos, ou seja, a superação do apartheid e a libertação nacional.

A campanha de sabotagem da MK voltava-se estritamente para as instalações governamentais e constituía-se, segundo suas lideranças, no primeiro estágio da guerra revolucionária. A ideia era fazer com que o regime tomasse consciência da possibilidade de uma insurreição nacional. No entanto, foram necessárias quase duas décadas para que as massas começassem a responder aos chamados da MK para "tornar o país ingovernável e o apartheid impraticável" (Cherry, 2011). Contudo, a ameaça de um movimento revolucionário foi o suficiente para que o regime reagisse, fazendo uso da força. Os líderes da MK foram perseguidos e presos na chácara Lillies Leaf, no bairro de Rivônia, a 30 quilômetros do centro de Johanesburgo, quando planejavam as ações de resistência. Acusados de alta traição em 1963-1964, foram condenados à prisão, no que ficou conhecido como "Julgamento de Rivônia". O alto comando da MK foi preso na Ilha de Robben, o que levou ao fim a primeira fase de atividades da MK. Nelson Mandela, Walter Sisulu, Govan Mbeki, Ahmed Kathrada e Lionel Bernstein foram capturados e condenados à prisão perpétua por traição, enquanto Oliver Tambo foi compelido a assumir o comando do movimento no exílio, onde permaneceu por trinta anos.

A repressão governamental e a falta de apoio dos países vizinhos – dominados por regimes aliados dos africâneres – impediram a ampliação da guerrilha e o recrutamento das grandes massas. Angola e Moçambique ainda eram colônias portuguesas, o sudoeste africano (Namíbia) era ocupado pela África do Sul e governado por uma minoria branca, e a Rodésia (Zimbábue) também era governada por um regime racista de minoria branca. Os ex-protetorados britânicos de Botsuana, Lesoto e Suazilândia tinham governos negros, mas estavam encravados na África do Sul e não tinham recursos humanos e econômicos, além de serem totalmente vulneráveis ao poder sul-africano.

A vitalidade do sistema do apartheid se deveu, em boa medida, ao interesse do capital internacional em investir na região, atraído pela abundante mão de obra barata e pelos minérios estratégicos. As inversões estrangeiras, especialmente as norte-americanas, quintuplicaram seu valor entre 1957 e 1958. Assim, pode-se dizer que a estratégia da MK foi bem-sucedida em transmitir a mensagem à maioria negra de que chegara a hora de combater o regime. Mas não conseguiu fazer com que o regime tomasse consciência dos fenômenos que se gestavam naquele momento.

O resultado dessa primeira fase de luta armada foi a forte repressão – prisões, torturas, julgamentos políticos e execuções. Ao contrário das ações governamentais, nas da MK, conforme destaca Janet Cherry (2011), "nenhuma vida foi perdida ao longo dos 200 atos de sabotagens cometidos entre 1961 e 1964", pois os alvos e o tempo para executar as ações foram cuidadosamente planejados pelos quadros (amadores) da organização. Como Mandela argumentou no tribunal de Rivônia, o que pretendiam, definitivamente, não se traduzia em uma campanha terrorista. Apesar de as ações da MK serem claramente direcionadas às instalações estratégicas, seus membros enfrentaram os problemas típicos das guerrilhas armadas, que, inevitavelmente, produziram baixas. Desde o primeiro ato de sabotagem, em 1961, tornou-se evidente que a guerrilha teria de se defrontar com dificuldades como a infiltração de espiões da polícia e as traições de informantes e pessoas pressionadas a se transformarem em testemunhas do Estado em julgamentos contra seus companheiros. Dessa forma, foram as ações contra os colaboradores do regime que resultaram nas primeiras mortes dos membros da MK.

Nos casos de traição, a conduta da MK não fazia distinção: informantes (aqueles pagos pela polícia em troca de informação); agentes (espiões infiltrados nas organizações de resistência); colaboradores (aqueles que se aliavam politicamente às instituições associadas ao regime, a exemplo das autoridades negras locais); e testemunhas do Estado (membros da MK ou do CNA que concordavam em fornecer evidências, normalmente sob tortura, nos julgamentos de seus companheiros de organização) – todos se tornavam alvos a serem eliminados. O problema dos infiltrados, informantes ou pessoas que foram "modificadas" pelas autoridades esteve presente em todas as operações da MK.

Contudo, o Estado sul-africano continuava a se desenvolver. A política econômica protecionista de substituição de importações dos africâneres criou a infraestrutura necessária para o estabelecimento de grandes indústrias, que culminou com o desenvolvimento de um polo industrial capaz de abastecer toda a África Austral. Acompanhando esse processo, deve-se destacar o gradativo aumento do número de trabalhadores rurais negros que chegavam às cidades. A miséria das reservas e a ausência de serviços e assistência de todo tipo provocaram o êxodo massivo que afetaria significativamente o interesse de outros grupos sociais, como os mulatos, que pretendiam integrar-se à economia branca. A divergência de interesses dos diferentes grupos tornou-se cada vez mais acirrada.

A RESISTÊNCIA E O FRACASSO DA GUERRA DE GUERRILHAS

A resposta do CNA e do Congresso Pan-Africanista foi de passar à clandestinidade e dar continuidade à resistência militar. Ambos realizaram uma série de ações armadas que atingiram também alguns chefes colaboradores do regime no Transkei e Ciskei. Rapidamente, porém, foram paralisados pelo governo, que conseguiu infiltrar agentes nas organizações. Líderes do PAC foram presos e outros integrantes foram obrigados a fugir para o exílio. Entretanto, desde então, o regime racista sul-africano apostou, confiante, que os principais líderes dos movimentos pelo fim do apartheid passariam o resto de suas vidas trabalhando duramente nas pedreiras ou no exílio.

De 1950 até a década de 1970, a economia sul-africana cresceu vigorosamente. À primeira vista, os dados apresentados pelo governo pareciam indicar um desempenho satisfatório para a economia como um todo, ainda que a grande proporção desse crescimento fosse para o benefício da minoria branca. Nesse sentido, o apartheid serviu aos interesses das empresas capitalistas que dominavam a economia do país. A mais notável delas foi a Anglo-American, que havia diversificado sua base inicial na indústria de mineração. Vale a pena lembrar que, mais tarde, em 1987, após a compra das operações locais de várias empresas estrangeiras que decidiram deixar o país em resposta aos pedidos de sanções e por medo do futuro, a empresa ampliou consideravelmente seu capital. Isso fez do seu presidente, Harry Oppenheimer, o homem mais poderoso do país fora do pequeno círculo em torno do primeiro-ministro sul-africano.

No curto prazo, essas empresas se beneficiaram do sistema de trabalho do apartheid. Durante o *boom* da economia mundial, mais ou menos no terceiro trimestre do século XX, os países geradores de produtos primários, como a África do Sul, estavam, em geral, numa posição vantajosa. A fim de aproveitar essas condições, as empresas precisavam de uma grande força de trabalho barata e flexível. O apartheid não previa uma forma de trabalho forçado, mas as sanções impostas e as proibições colocadas para as atividades sindicais negras penderam absolutamente em favor dos empregadores. Para a indústria de mineração e para os outros empregadores que utilizavam o trabalho não qualificado, essa situação foi extremamente vantajosa para seus negócios e também para a economia do país de modo geral. Além disso, milhares de trabalhadores estrangeiros, especialmente de Moçambique e do Malauí, eram utilizados.

No longo prazo, porém, essas vantagens provaram ser desastrosas e deixaram a África do Sul singularmente mal equipada para lidar com a recessão da economia mundial depois de 1973. Desde então, não houve nenhum imperativo econômico para converter a capacidade do país, caracterizado por uma força de trabalho de baixa qualificação e remuneração.

Como resultado, as exportações sul-africanas de manufaturados, apesar da "modernização" de sua economia, ficou muito abaixo das de seus concorrentes. A participação no comércio mundial de bens manufaturados caiu de 0,78% para 0,27% entre 1955 e 1985, e a sua quota nas exportações do grupo de países em desenvolvimento, cujas posições iniciais foram aproximadamente as mesmas, caiu significativamente. Em 1980, a produtividade da força de trabalho sul-africana estava estagnada.

A partir de 1960, com a oposição negra esmagada e a oposição branca contida, Verwoerd e o Partido Nacional puderam impor sua própria visão de sociedade sobre o país. O princípio pelo qual trabalhavam era o da negação, para aqueles que não eram brancos, de qualquer participação em uma nacionalidade comum sul-africana. Ao contrário, os nãos brancos deveriam pertencer a um dos seguintes grupos: xhosa, zulu, swazi, tsonga, ndebele, venda, sotho do norte, sotho do sul, tswana, indianos e *coloured* [mestiços]. Cada um desses grupos, exceto os dois últimos, foi considerado como tendo seu próprio país de origem histórica, no qual poderiam se desenvolver de acordo com suas próprias tradições. As terras que compunham suas reservas eram fragmentadas, e os planos de consolidação, que haviam sido apresentados na década de 1950, foram rejeitados pela pressão dos fazendeiros, que perderiam parte suas terras, bem como pelo reconhecimento da primazia dos interesses dos brancos, apesar de toda a retórica do apartheid.

Além dos banimentos individuais, e ofuscando todos os outros efeitos nefastos do apartheid, houve a remoção forçada de cerca de 3 milhões e meio de pessoas, que tiveram a infelicidade de estar vivendo no "lugar errado". O zoneamento do país no âmbito do Group Areas Act [Regulamento das Áreas de Grupo], de 1950, entre brancos e negros fez com que milhões de africanos, mestiços e indianos (e muito poucos brancos) descobrissem que os seus locais de residência tinham sido designados por funcionários por meio de mapas de pequena escala, com uma visão rígida. Muitas dessas áreas eram subúrbios, cujos ocupantes trabalhavam nas grandes cidades. Seus habitantes foram descartados para os bantustões vizinhos,[3] de onde tinham de se deslocar durante duas ou três horas de ônibus para seus locais de trabalho, e também tinham de pagar taxas exorbitantes pelo aluguel de suas moradias ou pela água. Outros, ainda, foram expulsos das terras que seus antepassados tinham comprado antes da aprovação da Lei de Terras Nativas.

O Regulamento das Áreas de Grupo foi também aplicado aos mestiços e aos indianos, que foram forçados a sair dos bairros racialmente mistos, sobretudo na Cidade do Cabo. O despejo dos mestiços dos subúrbios da Cidade do Cabo causou muito sofrimento, pois as famílias foram expulsas para as novas cidades sem recursos, principalmente Mitchells Plain. As casas vagas eram, muitas vezes, compradas por especuladores vinculados ao Partido Nacional por um preço inferior e vendidas, posteriormente, por um valor abusivo. O único lugar onde esse tipo de especulação não se viabilizou foi na área conhecida como District Six [Sexto Distrito], um antigo bairro da classe trabalhadora, próximo ao centro da Cidade do Cabo. O local era o coração da cultura mestiça na cidade, tanto quanto Sophiatown tinha sido para os negros de Johanesburgo. Na região, estavam as principais escolas secundárias mestiças, de alta qualidade e muitos intelectuais trotskistas. No decorrer da década de 1960, seus habitantes foram despejados e suas construções, exceto as igrejas e as mesquitas, foram arrasadas.

Assim, os centros inconvenientemente ocupados pela população não branca, chamados de "pontos negros", deveriam ser atacados implacavelmente. Quando a crise dos anos 1970 começou a ser sentida, milhares de africanos foram forçados a abandonar as fazendas onde haviam trabalhado como arrendatários ou inquilinos, não restando outra opção, exceto dirigirem-se aos

---

[3] O termo *bantustão* nunca foi oficial e era geralmente usado pelos inimigos do regime para ridicularizá-lo. *Bantu* é o nome de um grande grupo de povos africanos e *stão* é uma terminação de origem persa, que designa "território determinado de um povo". A administração do apartheid se referia aos bantustões como *homelands* [terra natal].

bantustões. O resultado foi a criação de gigantescas favelas. Na verdade, a política dos bantustões acabou produzindo efeitos dos mais diversos. Essa política, que se destinava a cultivar uma consciência nacional entre os diversos grupos identificados pelo governo racista, produziu uma exceção e foi utilizada como arma na luta por recursos. A exceção ocorreu entre os zulus.

Durante a primeira metade do século XX, houve vários esforços promovidos por uma variedade de grupos para ressuscitar as ideias de uma nação zulu. Essas ideias foram utilizadas com grande sutileza política pelo governo sul-africano desde o final dos anos 1960. No centro das discussões estava o chefe Mangosuthu Gatsha Buthelezi. Membro da alta aristocracia zulu, ele pôde reivindicar ser o primeiro-ministro hereditário do "Reino". Apesar de manter alguma ligação com setores do CNA, sua perspectiva política era bastante conservadora (ele mantinha ligações com a polícia e recebeu treinamento em Israel). A ideia de que o apartheid poderia ser combatido dentro das instituições que havia criado era atraente no momento em que quase todas as outras formas de oposição tinham sido esmagadas, e, ainda, Buthelezi nunca havia ultrapassado certos limites, como, por exemplo, a constante negativa em relação à independência de KwaZulu. Uma vez no poder, no entanto, Buthelezi usou os benefícios do cargo tanto para fortalecer a nação zulu, acentuando os símbolos de seu passado, como para consolidar sua própria posição, transformando o governo do bantustão numa máquina política. Não tardou, a partir de então, sua adesão ao movimento Inkatha, que será abordado posteriormente.

A partir da década de 1950, e particularmente após Sharpeville, as políticas da África do Sul caracterizaram-se, cada vez mais, por uma anomalia em comparação com o que estava ocorrendo no resto do continente e no mundo. Inicialmente, a situação atípica não preocupou significativamente a liderança do Partido Nacional. Com efeito, as condenações que o país recebera apenas fortaleceram o desejo de transformar a África do Sul em uma república. Em 1961, na primeira eleição em que o Partido Nacional recebeu a maioria do voto branco, esse desejo tornou-se realidade. Na onda do nacionalismo africâner e sul-africano, os laços formais com o Império Britânico foram quebrados, quando o país saiu da Commonwealth.

Apesar das enormes dificuldades e do aumento da repressão, o movimento armado buscou se reafirmar. Aqueles que deixaram o país para receber treinamento militar no exterior nos primórdios dos anos 1960, como o jovem Chris Hani – que posteriormente se tornaria um dos chefes da MK –, tiveram de viver em condições extremamente penosas. Depois de receberem treinamento militar em países como União Soviética, China e Argélia, muitos acabaram se estabelecendo (em condições deploráveis) no campo de Kongwa, na Tanzânia. Os revolucionários da MK acreditavam que a guerra revolucionária ocorreria em um futuro próximo e, consequentemente, teriam uma vitória antes mesmo do fim da década. No entanto, suas expectativas seriam frustradas diante das iniciativas diplomáticas que as lideranças do CNA promoveram em diversos países. Chris Hani e outros membros da organização enviaram diversos memorandos às lideranças do CNA expressando suas frustrações devido à ausência de unidade e à debilidade para o início de uma guerra.

O maior problema do alto comando da MK era infiltrar novamente seus quadros para promover ações de guerrilha na África do Sul. Nesse contexto, o país estava cercado por Estados vizinhos que ainda não haviam conquistado sua independência do poder colonial ou da soberania imperial – o Sudoeste Africano (atual Namíbia) era dominado pela África do Sul;[4]

---

[4] Na sequência da Conferência de Berlim (1885), a Alemanha passou a administrar o território do Sudoeste Africano até sua derrota na Primeira Guerra Mundial. Naquele momento, a União Sul-Africana obteve um mandato da Liga das Nações para administrar o território, mas não o substituiu por um mandato da ONU. Em 1946, permaneceu ocupando o território, considerando-o a quinta província. A Namíbia tornou-se independente da África do Sul apenas em 1990.

Angola e Moçambique ainda eram colônias portuguesas e a Rodésia (Zimbábue) era dominada por uma minoria branca que havia declarado sua independência do Reino Unido. Em todos esses países, os primeiros passos para a luta armada, conduzidos pelos movimentos de libertação locais, começavam a ser dados. A África do Sul dominava economicamente também os três protetorados britânicos – Bechuanalândia (Botsuana), Basutolândia (Lesoto) e Suazilândia –, utilizando assim seu poder para apoiar-se nessas regiões e prevenir uma possível utilização dos territórios pelas bases da MK.

Para criar uma rota de entrada para as guerrilhas na África do Sul pela Rodésia, o CNA estabeleceu uma aliança formal com a ZAPU, de Joshua Nkomo, e seu braço armado, o ZIPRA, com apoio da União Soviética. Essa iniciativa convergiu para a adoção, pelos movimentos de libertação aliados da MK em outros países africanos, da estratégia de guerras de guerrilha rural. As campanhas de Wankie e Sipolilo (1967-1968) são, sem dúvida, as mais significativas para a história da MK como organização militar, já que representaram o primeiro engajamento em uma guerra de guerrilha convencional, distinta das simbólicas iniciativas de sabotagem, características da primeira fase da organização.

Nesse nível, a MK esperava que a sua estratégia fosse de uma prolongada guerra de guerrilha, similar à que a Frelimo iniciara em seu país – um processo longo em que as guerrilhas, gradualmente, obteriam controle de áreas rurais remotas, conquistadas e declaradas "zonas libertadas", de onde poderiam lançar operações em direção aos centros urbanos e industriais do país. De acordo com Howard Barrell (1990), que produziu uma das primeiras análises da MK para o CNA, a atividade armada era o único modo de adquirir alguma vantagem (militar) sobre as forças do Estado sul-africano.

A perspectiva, implícita no projeto das campanhas, se estruturava em torno da atividade encabeçada por pequenos grupos que fossem capazes de levar a população a se revoltar contra o Estado. Esse formato de campanha e a subjacente estratégia estão relacionados ao sucesso da Revolução Cubana, mas também a todo o esforço de cooperação por parte dos cubanos em relação aos movimentos de libertação na África, seja em termos de orientação estratégico-militar, seja em termos materiais, apesar de algumas lideranças do CNA negarem tal fato.

Outras avaliações sobre as campanhas do CNA indicam que a estratégia adotada foi inapropriada para o sul da África. O CNA e o Partido Comunista teriam aplicado mecanicamente a doutrina da Guerra Móvel, utilizando colunas de trinta homens ou mais, o que fez com que a atuação dos grupos fosse facilmente reconhecida. Enquanto as ações do destacamento de Albert Luthuli no Zimbábue foram inegavelmente heroicas, tornando-se referência para as futuras gerações de soldados da MK, as campanhas de Wankie e Sipolilo não chegaram a ameaçar o Estado do apartheid. Em ambas as campanhas, ocorreram significativas baixas nas forças da Rodésia, mas as baixas entre os membros da MK foram ainda maiores.

Apesar de a derrota militar sempre significar fracasso, há um valor positivo, ainda que simbólico. Ao CNA e ao Partido Comunista, as campanhas ensinaram que havia a necessidade de constituir um exército mais bem equipado e chefiado de forma convencional. Por outro lado, o valor simbólico foi muito enfatizado pelas lideranças do CNA em diversos eventos e situações. Ainda no exílio, Oliver Tambo afirmou: "Wankie reavivou o espírito do nosso povo dentro do nosso país, restaurando a coragem em face da repressão, e revitalizou a revolução" (Cherry, 2011). Entretanto, tornava-se cada vez mais evidente que o tipo de guerra exibido em Wankie e Sipolilo – estratégia de guerra de guerrilha rural que foi realmente implementada em Angola, Moçambique e Zimbábue – dificilmente seria executado com sucesso na África do Sul, que era um país integrado por excelente infraestrutura.

Após as campanhas de Wankie e Sipolilo, o CNA realizou uma conferência em 1969, em Morogoro, na Tanzânia. A intenção era avaliar a insatisfação e o alto nível de crítica em relação à organização. Sobreviventes das campanhas na Rodésia fizeram críticas abertas às lideranças e indagaram sobre seu retorno à África do Sul. Após muitas discussões, a conferência adotou o documento "Estratégia e Tática do Congresso Nacional Africano", que delineava o caminho a ser seguido pela organização. Os levantes rurais dos anos 1950 pareciam indicar que a guerra de guerrilha rural não estaria completamente esgotada, mas os camponeses teriam de ser transformados em verdadeiras tropas de choque revolucionárias.

Dada a dificuldade de infiltração dos combatentes, a MK passou a organizar comandos regionais em Botsuana, Lesoto e Suazilândia. Através desses países, as unidades da MK entraram na África do Sul, estabelecendo redes clandestinas e bases de operação militar. Contudo, mais uma vez a infiltração de agentes estatais e a traição dos membros da organização levaram ao declínio de tais unidades. Somente no final dos anos 1970 a MK realmente conseguiu voltar ao país e reiniciar suas operações militares.

O ESTABELECIMENTO DOS BANTUSTÕES E A REPRESSÃO

Em 1959, ao propor a Lei de Promoção do Autogoverno Bantu, Verwoerd levou o apartheid às últimas consequências lógicas. O objetivo era transformar as antigas reservas negras, organizadas por tribos e de acordo com as tradições de chefia, em Autoridades Territoriais, os chamados bantustões. Tratava-se do estabelecimento de autogoverno (autonomia administrativa), sob a égide de Pretória, portanto, sem possibilidade de autonomia política. Ao argumentar em torno do projeto de lei no Parlamento, o primeiro-ministro defendeu a constituição de uma comunidade de nações (uma branca e oito bantus), às quais se juntariam os protetorados britânicos, cuja independência também passou a defender. Em boa medida, Verwoerd conseguiu eliminar um elemento de discórdia com os britânicos, que resistiram a todas as tentativas de anexação dos BSL-states (Botsuana, Lesoto e Suazilândia).

Com o objetivo de esvaziar as pressões por um governo de maioria na África do Sul, os bantustões foram uma espécie de "evolução" do apartheid. Condenado pela Organização das Nações Unidas em 1971, o sistema foi acusado de "dividir os africanos, confrontando uma tribo com outra, enfraquecer a frente africana na sua luta pelos justos e inalienáveis direitos e consolidar e perpetuar o domínio por parte da minoria branca" (Pereira, 1986). Quatro bantustões tornaram-se independentes e os demais optaram apenas por autonomia. Esses "Estados independentes" organizaram-se politicamente de acordo com uma constituição concebida pelo governo sul-africano e que, posteriormente, foi aprovada pela república nascente. Na verdade, esses pseudo-Estados de base tribal foram criados pelo regime para manter os negros fora dos bairros e terras brancas, mas relativamente próximos a elas para servir de mão de obra barata.

O conceito em torno dos bantustões corresponde aos primeiros anos do apartheid, mas só nos anos 1970 a "independência" foi concedida pelo governo sul-africano e a organização das regiões, redimensionada. A perspectiva do CNA, ilustrada pelo relato de Jacob Zuma (Pereira, 1986)[5] ao analisar a política de criação dos bantustões, é a de que

> A política de bantustização começou com o Partido Nacionalista, que está no poder da África do Sul desde 1948. A criação de bantustões é uma resposta à grande vaga de libertação no continente africano e às mobilizações de nosso povo na África do Sul. Em vez de romper com o apartheid, foram criados os bantustões, que têm origem em nosso contexto histórico. Durante a conquista, as populações africanas lutaram como tribos, como grupos separados. Essa separação tribal foi favorável ao conquistador. O Congresso Nacional Africano foi fundado com propósitos de congregar a nação africana, e, desde então, suas ações têm sido sempre no sentido de criar uma consciência nacional, de verdadeira comunidade entre

---

[5] Na ocasião, Jacob Zuma estava exilado em Moçambique.

várias nacionalidades em nosso país. Nessa linha, em 1946, deu-se o pacto entre o CNA e o Congresso Indiano da África do Sul, outro grupo racial oprimido. Já a campanha do desafio, em 1952, fora conduzida por uma ampla unidade entre vários grupos e organizações de massa, sendo criado, nessa oportunidade, o Conselho de Planejamento Comum para coordenar a campanha. Esse conselho deu lugar, posteriormente, ao Comitê Consultivo Nacional, constituído por representantes do CNA, do Congresso Indiano Sul-Africano, do Congresso dos Democratas (integrado este por pessoas brancas e criado por iniciativa do CNA). Em face desses vitoriosos esforços e ações de unidade nacional, o governo racista concebeu mecanismos contrários de divisão e segregação: entre eles, a política de criação dos bantustões, que estabelece e estimula uma nova dimensão do tribalismo no país. Nessa época, os bantustões serviram, igualmente, para confundir – ante nosso povo e frente à opinião mundial – o gigantesco processo de descolonização no continente africano.

O bantustão Bophuthatswana abrigava o grupo étnico tswana. Com uma área de 40 mil quilômetros quadrados, estava distribuído em sete enclaves separados nas antigas províncias do Transvaal, Cabo e Estado Livre de Orange. Em 1971, o governo concedeu autodeterminação, e, em 5 de dezembro de 1977, a independência, ficando seus habitantes privados da nacionalidade sul-africana. Em Transkei, reunia-se o grupo étnico xhosa. Localizado a nordeste da província do Cabo, com um pequeno enclave no KwaZulu-Natal, esse bantustão tornou-se independente em 26 de outubro de 1976. Essa era a região de origem de Nelson Mandela, mas tornou-se famosa pelo seu líder, Kaiser Matanzima. Outro bantustão que reuniu a etnia xhosa foi o de Ciskei. Independente em 4 de dezembro de 1981, possuía uma área de 7.700 quilômetros quadrados em dois territórios separados – um na parte oriental da antiga província do Cabo e uma pequena porção de costa no Oceano Índico. Em 1961, esse território passou a ser uma região administrativa separada e, em

1972, o governo sul-africano concedeu-lhe autodeterminação. Em 13 de setembro de 1979, Venda tornou-se independente. Localizado a nordeste da antiga província do Transvaal, atual província de Limpopo, esse bantustão, que abrigava o grupo étnico venda, recebeu autodeterminação em 1973, e posterior independência.

Os bantustões Gazankulu, KaNgwane, KwaNdebele, KwaZulu, Lebowa e QwaQwa nunca se tornaram independentes. Gazankulu, de etnia tsonga, localizava-se a nordeste da antiga província do Transvaal. Em 1971, o governo sul-africano concedeu-lhe autodeterminação. KaNgwane, também localizado a nordeste da antiga província do Transvaal, atual província de Mpumalanga, reunia o grupo étnico swazi. Em 1981, o governo atribuiu-lhe autodeterminação com o objetivo de formar uma zona tampão contra a infiltração de guerrilheiros do Congresso Nacional Africano. Ainda em 1981, foi criado KwaNdebele, de etnia ndebele, na atual província de Mpumalanga. Criado na antiga província do Natal, atual KwaZulu-Natal, o KwaZulu tem suas raízes na reserva para nativos zulus estabelecida pelos britânicos na colônia do Natal, ainda no século XIX.

Mais tarde, o governo do Partido Nacional organizou territórios separados para brancos, negros e mestiços. Em 1959, foram nomeadas autoridades tribais e regionais para o KwaZulu e, em 1972, o bantustão recebeu autonomia, com a autoridade territorial transformada em uma "assembleia legislativa", sendo Mangosuthu Buthelezi, antigo chefe tribal, nomeado ministro-chefe. Esse território era relativamente extenso (ocupando cerca da metade da então província de Natal), mas formado por um grande número de entidades separadas, incluindo uma na costa, junto à fronteira com Moçambique. Os zulus são cerca de 7 milhões, a maioria vivendo no KwaZulu-Natal. Por fim, Lebowa, localizado a nordeste da antiga província do Transvaal, atualmente nas províncias Mpumalanga e Limpopo, e QwaQwa, localizado na província do Estado Livre, junto a Lesoto, reuniam os grupos étnicos sotho do Norte ou pedi e sotho do Sul, respectivamente.

BANTUSTÕES

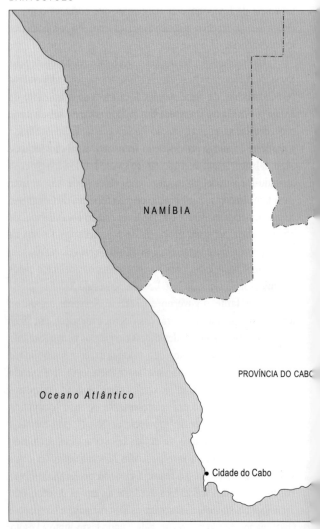

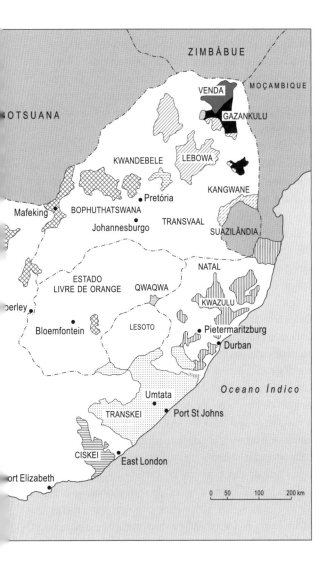

Diante de um intenso movimento de descolonização, o governo sul-africano encontrou na particularidade de um "colonialismo interno" a solução para a consolidação de um longo processo de formação e desenvolvimento do sistema capitalista local. Por outro lado, na solução neocolonial clássica, "o Estado colonizador se retira do território até então colonizado e a administração do novo Estado passa, no caso, a ser assumida por uma nova e dominante elite local, mantendo, porém, o antigo Estado e classe colonizadora suas anteriores e estratégicas posições econômicas" (Pereira, 1986).

No caso sul-africano, a classe ou nação colonizadora não pôde retirar-se a um Estado de origem, e essa especificidade não impediu que fosse encontrada uma saída igualmente particular e original para o neocolonialismo. O fracionamento da população negra produziu um formidável contingente de mão de obra disponível e barata, com a qual a indústria e a agricultura das áreas brancas se abasteciam livremente. E ainda, com o desenvolvimento desses bantustões e Estados independentes, surgiu uma classe negra dirigente que, embora dependente, assumiu as responsabilidades administrativas e parte das atividades econômicas, particularmente comerciais. Essa nova classe, integrada por africanos, chamada a cooperar nesse esforço de racionalização das formas tradicionais de dominação econômica, social e racial, beneficiou-se da proposta neocolonial e aderiu, com sua enorme carga de contradições, aos propósitos de minar as lutas de libertação nacional. Essa pequena elite, beneficiada à margem do apartheid, tentou cumprir seu papel de reduzir os anseios em torno da libertação nacional e restringi-los a reivindicações locais baseadas em um fracionado nacionalismo tribal.

Apesar dos esforços do Partido Nacional em tentar diferenciar sua "política nativa" do segregacionismo britânico, ideologicamente os africâneres conseguiram superar seus antecessores ao incrementar a discriminação e a repressão. O grande problema que se impunha era o de como desenvolver uma política de trabalho negro que estimulasse a acumulação de capital com legitimidade e estabilidade. Nesse sentido, o apartheid representou as múltiplas medidas de controle social (e racial) implantadas e regularmente alteradas para resolverem os problemas e as contradições herdadas do processo de modernização sul-africano. E, claro, para perpetuar uma política de dominação da minoria branca. Do início dos anos 1960 em diante, as medidas de controle administrativo e legislativo foram complementadas pela institucionalização de um Estado policial. Todas essas medidas passaram a ser desafiadas pelos negros, organizados ou não. Assim, o apartheid foi moldado pelas intervenções governamentais vindas de cima e por lutas populares vindas de baixo.

O assunto mais importante em termos de política interna, portanto, era a forma de controlar a força de trabalho. Os trabalhadores negros deveriam ser mantidos em seus espaços, ainda em condições pré-capitalistas, pois o processo de urbanização deveria, necessariamente, ser regulado. Havia, entre os administradores, posições ambíguas quanto aos fluxos de urbanização, porque a força de trabalho migrante inevitavelmente teria de ser utilizada. Foi nesse contexto que as concessões de migração dos negros para trabalhar nas cidades foram aceitas – seria possível diferenciar os negros urbanizados (o que acabou por criar uma "elite negra" nas cidades) dos negros tribalizados. Nesse sistema, um negro tribalizado poderia entrar nas áreas urbanas, com permissão da administração do distrito, para procurar trabalho. No entanto, ele tinha 72 horas para garantir uma posição, caso contrário, seria preso ou expulso da cidade, podendo ser enviado para alguma fazenda de brancos (Terreblanche, 2005).

Rapidamente, a preferência por trabalhadores migrantes, que aceitavam salários baixos, que não poderiam se "dar ao luxo" de escolher e que aceitavam qualquer tipo de trabalho, tornou-se evidente. Não havia serviço social para os migrantes, pois o entendimento era de que qualquer atendimento deveria ser obtido nas reservas. Outro fator relevante foi a preferência desses trabalhadores pelo setor mineiro desde o tempo dos britânicos, devido ao afrouxamento de regulação, se comparada com a que orientava os setores industrial e comercial.

Havia duas escolas de pensamento relativas ao desenvolvimento do apartheid – os "puristas", que apoiavam a segregação total, e os "práticos" ou "utilitaristas", que defendiam a hegemonia branca sem dificultar os negócios africâneres. O crescimento da população africana nas cidades e a resistência que culminou no Massacre de Sharpeville reforçaram a visão "purista" do grupo de Verwoerd, que transformou o NAD em BAD, para controlar melhor o fluxo para as cidades, retirando o poder das municipalidades. Foram criados, também, os Bantu Affairs Administration Boards – BAABs –, que formavam quadros para a administração de assuntos bantu, e introduzidas duas medidas: o Ato de Planejamento Físico e a Utilização de Recursos, com quotas de trabalho para o setor de manufaturas. A taxa de trabalhadores brancos para cada africano era de 1 para 25; passou de 1 para 2. Qualquer industrial que excedesse a quota deveria se mudar para uma fronteira ou para perto de um bantustão (Terreblanche, 2005).

A transformação das reservas nativas em bantustões, bem como a instalação de indústrias perto dessas localidades, foi um salto importante na política do Partido Nacional. O BAD retirou o direito de moradia dos negros nas cidades e também expulsou dos centros urbanos os negros considerados "não produtivos", "inativos" e "desnecessários", estes últimos, pessoas que diziam "não" a ofertas de trabalho nos gabinetes administrativos por três vezes. A entrada de mulheres e crianças nos principais centros também se tornou cada vez mais difícil.

Durante a década de 1960 até o início da década de 1970, o crescimento econômico foi muito grande, o que demandava força de trabalho intensiva. Ao mesmo tempo que a situação nos bantustões era deplorável – má nutrição, pobreza extrema e a existência de uma elite corrupta que concentrava recursos –, a economia africâner se desenvolvia a passos largos. A combinação entre a miséria dos bantustões, a falta de oportunidade nas cidades e a brutalidade policial em relação aos negros produziu outro fenômeno significativo para a realidade sul-africana: a criminalidade juvenil. A criminalidade, assim, passou a fazer parte da rotina de jovens africanos ao longo dos anos 1960 e 1970, tendo como vítima a própria comunidade negra.

Balthazar Johannes Voster (1966-1978), que sucedeu Verwoerd, colocou em prática uma política ainda mais agressiva e fortaleceu o Estado policial, incrementando a lógica do apartheid "purista". Em 1970, foi criado o Homelands Citizenship Act [Lei da Cidadania dos Bantustões]. A partir de então, todos os africanos tinham sua cidadania vinculada à sua "terra natal", ou seja, ao bantustão em que viviam. Assim, imigrantes ilegais passaram a ser considerados estrangeiros e poderiam ser deportados. No entanto, havia a necessidade de trabalhadores para preencher as vagas, geralmente ocupadas por negros semiqualificados. Os demais foram forçados a voltar aos bantustões. O fluxo de migração foi tão intenso que, apesar do aumento dos gastos governamentais com os bantustões – passou de 4 milhões de rands em 1960 para 11 milhões de rands em 1980 –, a situação socioeconômica nesses locais piorou. Alguns trabalhadores chegavam a dizer que era melhor trabalhar nove meses na cidade e ficar preso outros três do que ter de voltar aos bantustões (Terreblanche, 2005).

Contudo, deve-se destacar que houve absoluto sucesso no controle de fluxo para as cidades conduzido pelas autoridades administrativas. No entanto, o que essas mesmas autoridades não perceberam naquele momento foi que esse controle teria um efeito altamente nocivo em uma economia que logo apresentaria sinais de recessão, acompanhando o abalo que o mundo capitalista sofreu nos anos 1970.

A RADICALIZAÇÃO DOS PROTESTOS E O LEVANTE DE SOWETO

Após as prisões das principais lideranças do CNA e do PAC e do aprofundamento do Estado policial, os protestos foram contidos nos anos 1960 e 1970. Entretanto, esse período foi importante para a gestação de novas ideias entre os líderes revolucionários, que se dividiam em três linhas: a dos liberais, que declinou rapidamente; a da classe média negra radical, inspirada pela "nova esquerda" norte-americana e europeia; e a do Black Consciousness Movement [Movimento da Consciência Negra], também inspirada pelos norte-americanos (o termo "*black*" representava toda a rejeição ao apartheid).

Os fundadores do CNA foram influenciados pelas ideias liberais, que incluíam direitos humanos, parlamentarismo e valores religiosos europeus – eram democratas cristãos que defendiam a democracia sem a utilização de meios violentos. Como dito anteriormente, essa corrente perdeu espaço nos anos 1940, quando foi associada ao colonialismo e à exploração capitalista. Com o crescimento das ideias marxistas, gerou-se uma dissidência entre os negros nacionalistas ou africanistas, atingindo o CNA e o Partido Comunista. Enquanto os primeiros insistiam em que o comunismo havia "capturado" o CNA, os outros afirmavam que as duas organizações haviam desfrutado de um longo e frutífero relacionamento, sem dominação de uma pela outra.

Com a introdução da Educação Bantu, na década de 1950, um grupo de negros barrados pelo apartheid acabou se envolvendo com os movimentos de esquerda norte-americanos e europeus. Receberam apoio intelectual de estudantes estrangeiros e criaram um movimento local representado por estudantes e organizações de negros e brancos. Os estudantes negros participavam ativamente das ações. Enquanto nos Estados Unidos os estudantes faziam manifestações contra o consumismo e a influência da indústria militar na Guerra do Vietnã, os negros sul-africanos experimentavam protestar contra o capitalismo racial e as múltiplas faces do apartheid. Ainda assim, encontravam elementos para o diálogo.

No final da década de 1960, a rejeição pelo liberalismo e o entusiasmo com a "nova esquerda" resultaram na formação do Black Consciousness Movement [Movimento da Consciência Negra], no qual Steve Biko teve forte papel intelectual e de liderança. O movimento deu voz aos negros e influenciou a criação, em 1967, do University Christian Movement [Movimento Cristão da Universidade], da Universidade de Rodhes; em 1968, da SASO, que esvaziou o domínio branco que existia até então nessa organização; em 1972, da Black People's Convention [Convenção do Povo Negro], de caráter político; e o Black Community Programme [Programa Comunitário dos Negros], que buscava promover a saúde e o bem-estar social.

Quando a SASO e o Movimento da Consciência Negra apoiaram as greves em Durban (1973) e manifestaram simpatia à Frelimo, de Moçambique (1974), muitos de seus líderes foram presos, acusados de terrorismo. As atitudes desafiadoras de ambos os movimentos estimularam comportamento similar no levante de Soweto, dois anos depois, e a morte de Biko, devido às lesões sofridas no cárcere, ampliou a credibilidade dos movimentos. É importante ressaltar que o objetivo principal na formulação de Biko era transformar a consciência das pessoas em seu aspecto psicológico. Segundo ele, somente assim a ação em massa poderia ser efetiva. O movimento de Biko era fortemente influenciado pela teologia apropriada pelos negros norte-americanos durante as lutas por direitos humanos e civis na década de 1960. O líder do Movimento da Consciência Negra buscava dialogar com intelectuais africanos, dentro e fora do país e, nesse contexto, surgiu o conceito de *"black power"* [poder negro], que inspirou fortemente grupos negros norte-americanos.

No início dos anos 1970 o Movimento da Consciência Negra, apoiado pelas organizações estudantis, pretendia assumir a posição do CNA e do PAC, mas não possuía condições de liderar uma luta armada. A forte ênfase na "dimensão subjetiva da violência" contribuiu para o fracasso do pensamento revolucionário de Biko. Curioso observar que, depois dos eventos de Soweto, milhares de jovens negros, antes associados ao Movimento de Consciência Negra, deixaram o país para juntar-se à ala militar do CNA e do PAC.

Contudo, é importante destacar o papel do Partido Comunista no pensamento revolucionário sul-africano. Os comunistas sul-africanos, ao apresentarem o suporte ideológico da revolução sul-africana, afirmavam que, como característica fundamental, a África do Sul era sede de duas organizações políticas – o CNA e o SACP – pioneiras dos movimentos da classe operária e nacional no continente africano. Argumentavam, também, que por trás dessas organizações havia uma longa história de luta (grande parte dela na ilegalidade), no decorrer da qual acumularam experiência teórica e prática revolucionária.

Para os comunistas, o CNA representava o principal elemento da frente de libertação na busca por um governo de maioria. Era um movimento nacional de massa, representante legítimo do povo sul-africano, que ajudou a desenvolver uma consciência comum e um sentimento de identidade em face dos anteriores sectarismos tribais, que tanto facilitaram a gradual conquista estrangeira. O Partido Comunista, por seu turno, representava as aspirações da classe operária e tinha como objetivo o eventual estabelecimento de uma África do Sul socialista.

Os teóricos do Partido Comunista consideravam como os dois determinantes principais na estrutura socioeconômica sul-africana a *classe* e a *raça*. Esses determinantes deram origem a duas correntes complementares da consciência revolucionária e da organização revolucionária, que se influenciaram reciprocamente e se aliaram frequentemente nos propósitos que lhes eram comuns. Argumentavam que os grupos brancos e negros não eram homogêneos, e, em cada um deles, havia vários tipos de diferenciação de classe. Apenas uma minoria dos brancos controlaria os meios básicos de produção, ainda que o Estado fizesse com que todos os brancos usufruíssem dos métodos de domínio. Todavia, isso não significava que os frutos fossem divididos equitativamente. Nesse sentido, o Partido Comunista buscava alertar o CNA de que expressões como "poder branco", "domínio branco" ou "supremacia branca" – generalizadas em seus documentos programáticos – não refletiam exatamente a realidade. Essas expressões (e seu entendimento) refletiam, na verdade, uma realidade imediatamente perceptível em esferas importantes, como a dos direitos civis e políticos, acesso ao trabalho, controle dos meios de produção, entre outras. Nelas, sim, a cor levantava barreiras contra a maioria dos sul-africanos.

A partir dessa lógica, acreditavam os comunistas que, apesar de todos esses sinais de raça como mecanismo de supremacia, o domínio legal e institucional da minoria branca sobre a maioria negra era perpetuado pela exploração econômica. Conforme Joe Slovo[6] (1976), uma das principais lideranças do Partido Comunista:

> No período contemporâneo, essa exploração serve, em primeiro lugar, aos interesses da burguesia branca sul-africana, que, por sua vez, está ligada ao capital estrangeiro. Dado que a discriminação racial é o mecanismo dessa exploração, e um mecanismo funcional, dado que é o *modus operandi* do capitalismo sul-africano, a luta pela destruição da "supremacia branca" está fundamentalmente ligada à real destruição do próprio capitalismo. É essa interdependência da libertação nacional e social que confere à luta revolucionária sul-africana uma forma distinta e molda o papel das várias classes dentro da maioria subordinada e da minoria dominante.

Assim, a questão fundamental da teoria apresentada para a revolução sul-africana girava em torno da relação existente entre a luta nacional e a luta de classes. O modo como essa relação seria analisada e compreendida era a grande preocupação do Partido Comunista, pois influenciaria diretamente as perspectivas táticas e estratégicas dos envolvidos com a luta revolucionária. É importante enfatizar que o traço constante da história da África do Sul é a divisão dos seus povos em grupos dominantes e subordinados, definidos primariamente por critérios raciais. Desde a chegada dos colonos europeus, as posições econômica, política e social dos membros de cada

---

[6] Nascido em uma família judaica na Lituânia, Joe Slovo foi para a África do Sul aos 9 anos. Era considerado figura básica na ligação entre a África Austral e o movimento comunista mundial, o que o tornou inimigo número um do Partido Nacional. Entre a população negra e mestiça, chegou a ter uma popularidade quase tão grande quanto a de Mandela, que conheceu na Universidade de Witwatersrand, em Johanesburgo, onde ambos se formaram em Direito. Para além de secretário-geral do Partido Comunista Sul-Africano, foi comandante da MK. Slovo ficou exilado entre 1963 e 1990, a maior parte do tempo em Moçambique.

grupo foram profundamente influenciadas pela origem étnica. Apesar de todos os esforços de organizações como o CNA em estabelecer conceitos que produzissem algum impacto sobre essa realidade e criassem referências comuns (nacionais), os próprios membros do CNA viviam a grande contradição de se identificarem mutuamente pela sua origem. O Partido Comunista foi, assim, peça chave para a superação desse dilema.

O levante de Soweto surgiu como uma resposta não só à substituição das línguas nativas pelo afrikaans nas escolas e à falta de professores, mas também como resposta ao desemprego causado pela recessão desde 1974. Vale recordar que as medidas mais fortes sobre o fluxo de migrantes e a atuação rígida dos BAABs e a consequente Lei do Passe afetaram profundamente as cidades que compõem Soweto. Mas também o aumento dos aluguéis, o estabelecimento de habitações fora da área urbana (bantustões) e, fundamentalmente, a derrota das forças sul--africanas em Angola – que enfraqueceu o mito de sua invencibilidade – foram fatores que culminaram em uma manifestação de milhares de estudantes, que levou a um sangrento confronto com a polícia. Com a "Estratégia Total" dos anos 1970 (que será tratada adiante), os ataques do regime ficaram mais violentos, e o país parecia estar entrando em uma guerra civil.

Em 1976, o massacre de 600 manifestantes negros em Soweto, no subúrbio de Johanesburgo, expôs o problema da condição dos negros aos olhos da minoria branca – a crise havia chegado às suas cidades mesmo diante das tentativas de controle do Estado.

A hegemonia branca, que parecia invencível após quase três décadas, começou a sofrer uma crise de sobrevivência, apesar da sua força econômica e política. O fato é que essa força não era mais legitimada. Todas as tentativas desesperadas de criar novas justificativas para o controle branco começaram a falhar. O conjunto de eventos que entre 1973 e 1976 precipitaram o início da crise de poder branco incluiu, também, a greve dos sindicatos de comércio negro, a crise do petróleo da Opep (1973), a recessão econômica a partir de 1974 e as revoluções angolana e moçambicana, que quebraram o cordão de segurança do regime colonial branco no norte da África do Sul. E, ainda, e tão importante quanto os demais: a entrada das tropas cubanas em Angola, que respaldou fortemente o papel dos comunistas no processo revolucionário sul-africano.

Todos esses episódios, inclusive o levante de Soweto, além de colocar o poder branco em perigo, despertaram a resistência armada dos círculos africanos na África do Sul. Durante os anos 1960, o Partido Nacional via as ameaças como sendo exclusivamente internas. No início dos anos 1970, o partido percebeu o ambiente externo também como uma ameaça, o que se confirmou com a desastrosa ação em Angola, em 1975. O gasto com defesa aumentou de 345 milhões de rands em 1971-1972 para 1.701 milhão de rands seis anos depois (Terreblanche, 2005). Ao contrário da estratégia de desenvolvimento separado de Verwoerd, a "Estratégia Total" representava uma "investida total" contra as ameaças internas e externas. Por outro lado, a referida estratégia forneceu aos inimigos do regime racista a opção de "levante total" contra os brancos e seus valores cristãos e capitalistas. Em verdade, emergia como um projeto resultante da própria guerra fria – que muitos argumentaram ser organizado, financiado e orquestrado por Moscou. O levante de Soweto foi, nesse sentido, retirado de sua conotação racial, sendo militarizado e internacionalizado. O Partido Nacional teve de repensar sua defesa incondicional dos interesses africâneres e assumir-se como combatente anticomunista, esvaziando, assim, seus argumentos morais sustentados na política racial.

No final dos anos 1970, a MK conseguiu reiniciar suas operações militares dentro da África do Sul. Nesse período, suas ações consistiam em fazer cruzar um pequeno número de soldados para além da fronteira em direção às áreas urbanas, com o intuito de selecionar alvos. Estações policiais, linhas ferroviárias, escritórios de administração dos assuntos bantu (que controlavam as populações negras urbanas sob as regras do regime), entre outros alvos governamentais, foram atacados. Os ataques nesses locais tinham o objetivo de manter a conscientização da MK viva, produzindo um vínculo com as lutas sociais, além de manter o regime sob pressão. Tais ataques eram feitos normalmente com armas e visavam alvos específicos, como os membros das forças de segurança e testemunhas do Estado.

O Conselho Revolucionário da MK foi reestruturado em 1970. Sua base, denominada "A Ilha", localizava-se no Lesoto, país mais próximo das fronteiras com o Zimbábue, Moçambique e Botsuana. Em seguida, o CNA instituiu o Comitê de Reconstrução Política Interna, com o propósito de reconstruir redes militares e políticas clandestinas. Outros comitês foram estabelecidos na Suazilândia, Botsuana e Moçambique. No Lesoto estavam as principais lideranças, como Chris Hani e Lambert Moloi, que constituíram o Comando Militar Conjunto para coordenar as ações no Cabo leste. Alguns atos bem-sucedidos indicavam que a MK estava conseguindo enviar sabotadores, explosivos e armas para a África do Sul. No entanto, ocorreram algumas explosões de forma não coordenada, e logo duas hipóteses vieram à tona – ou o treinamento com utilização de explosivos era ineficaz, o que provocou a morte prematura de alguns membros da organização, ou havia infiltrados na organização adulterando as armas na fonte ou quando chegavam ao seu destino.

Esses acontecimentos foram habilmente utilizados pelo regime e pela grande imprensa internacional. No final dos anos 1970, o medo generalizado em escala mundial do que se convencionou definir como "terrorismo" fez com que a MK fosse identificada como grupo terrorista, apesar dos esforços da organização em tentar se distinguir e ser reconhecida como uma guerrilha armada formal.

Algumas táticas de operação da MK revelaram a influência dos cubanos naquele momento. A utilização da embarcação *Aventura*, que sairia da Somália e levaria os guerrilheiros até a África do Sul, por exemplo, tinha inspiração no feito dos seguidores de Fidel Castro quando utilizaram a embarcação *Granma*, em 1956, para levá-los a Cuba. No entanto, com a captura e a tortura de alguns soldados da MK, essa iniciativa foi abortada. Castro derrubaria alguns anos depois o governo fraco e corrupto de Fulgêncio Batista. No entanto, o regime do apartheid não era propriamente corrupto, tampouco fraco, como o antigo governo cubano. As histórias das iniciativas malsucedidas da MK eram publicadas nos jornais sul-africanos, que também anunciavam o bom trabalho das forças de segurança ao acabar com a "ameaça comunista".

As prisões civis continuaram acontecendo, independentemente das ações do CNA e da MK. Cabe observar que os levantes estudantis pegaram de surpresa tanto as forças de segurança quanto o CNA. O descontentamento dos jovens chegava a níveis alarmantes, pois as condições sociais tornavam-se cada vez mais precárias. Com a reação da polícia e a utilização de força desmedida para conter os protestos, muitos desses jovens se juntaram à MK. Apesar do treinamento que recebiam, muitos deles jamais retornariam para casa para pôr em prática as suas habilidades militares. Nos campos de treinamento aprendiam a usar armas AK-47, rifles R1 e R4, pistolas e, também, como proceder à manutenção das mesmas. Recebiam instruções de engenharia no uso de explosivos soviéticos, eram orientados na leitura de mapas topográficos e de navegação, estudavam aspectos de inteligência e contrainteligência. Dedicavam-se ao estudo de teoria revolucionária, primeiros socorros, comunicações, história do marxismo-leninismo, história da África do Sul e política internacional. Para treinamento especial, alguns eram enviados à União Soviética, Bulgária, Iugoslávia, Hungria, Alemanha Oriental e Cuba (Cherry, 2011).

A dura realidade para a maioria dos jovens soldados é que não retornariam ao seu país. Muitos deles morreram de causas naturais, acometidos pela malária, por exemplo, ou em acidentes nos campos de Angola. A vida era precária, caracterizada pelas condições extremas de calor, privações, desconforto, doenças, dieta pobre e dura disciplina. Ao aceitarem tais condições, os soldados sonhavam em participar da luta, mas com o tempo perceberam que seriam apenas espectadores do que ocorria em seu país. Enquanto isso, na África do Sul, jovens conduziam levantes inspirados na MK, promovendo ataques estratégicos.

3. O ÁPICE DO CONFRONTO: VIOLÊNCIA, NEGOCIAÇÕES E TRANSIÇÃO (1976-1994)

A INTERNACIONALIZAÇÃO DO CONFRONTO, A MOBILIZAÇÃO E A CRISE DO PODER BRANCO

À medida que mais Estados africanos se tornavam independentes, a condenação ao apartheid ganhou proporções mundiais. No entanto, nenhuma das principais democracias ocidentais, apesar de condenar o racismo, estava disposta a apoiar o CNA em sua luta armada contra o regime racista. No âmbito da ONU, houve pouco avanço no sentido de pressionar o governo sul-africano. Argumentavam os aliados sul-africanos que a Carta da ONU respeitava a autodeterminação dos povos, portanto, o apartheid era uma questão doméstica, que dizia respeito à África do Sul. A União Soviética e a China, bem como um número crescente de países independentes da África e da Ásia, discordavam dessa posição. Assim, os países socialistas e parte do nascente Terceiro Mundo tentaram aprovar, sem sucesso, resoluções na Assembleia Geral, pois tal iniciativa dependia do Conselho de Segurança. Com o acirramento da guerra fria, muitos países ocidentais viam a campanha contra o apartheid como uma forma de Moscou ganhar influência sobre a África Austral, recusando-se, assim, a estabelecer sanções militares e econômicas contra a África do Sul. De qualquer forma, a Assembleia Geral logrou fortalecer a condenação ao regime racista.

O cenário regional não era menos complexo. Em 1972, foi constituído na África do Sul o Conselho de Segurança do Estado, que passaria a ter um papel importante a desempenhar, tanto no contexto doméstico como no externo. Nesse sentido, os militares tornaram-se mais influentes nas decisões em torno da política externa. O espaço africano tornou-se prioritário. A aceitação da

África do Sul no continente passou a ser um objetivo central do projeto de inserção externa. Todavia, a aproximação com as demais regiões não deveria acontecer em termos políticos, mas sim por intermédio de assistência, centrando-se na cooperação e nos investimentos conjuntos.

Um dos primeiros grupos de aproximação incluía os bantustões e os territórios do BSL-states, que se tornaram independentes sob o mando de governos moderados. Com Botsuana, Lesoto e Suazilândia, a África do Sul firmou, em 1969, um acordo de união aduaneira. O segundo grupo era formado por Angola, Moçambique, Rodésia[1] e Malauí. O fluxo migratório para o trabalho nas minas, o comércio, as interconexões ferroviárias e as obras de infraestrutura foram vínculos que se estabeleceram, persistiram e passaram a gerar dependência. O terceiro grupo, fora do cordão de segurança, envolvia Gana, a República Malgache (Madagascar), Seychelles, Gabão, Quênia, Senegal e Costa do Marfim. O diálogo com esses países, muitas vezes por meio de contatos secretos, foi possível em virtude do Manifesto de Lusaka, de 1969, lançado no âmbito da OUA por quatorze países da África oriental e central, quando passaram a reconhecer a República Sul-Africana como país africano independente e acordaram em lutar contra o apartheid por meios pacíficos. Entretanto, logo se tornaria evidente que o real objetivo de Vorster, na ocasião, era o de angariar o reconhecimento do regime, e não discutir sua possível moderação ou eliminação, como provavelmente supunham seus interlocutores.

O colapso do colonialismo português na África, na sequência da derrubada do regime salazarista em abril de 1974, representou uma ameaça para a África do Sul em termos de segurança. A exposição de suas fronteiras e as da Namíbia a Esta-

---

[1] A África do Sul não aderiu às sanções impostas à Rodésia pela ONU e auxiliava o regime branco de Ian Smith na repressão à guerrilha das organizações negras, bem como manteve envolvimento militar na contrainsurgência em Angola e Moçambique, criando assim uma força coerciva entre territórios com governo branco na África Austral.

dos que adotavam políticas antiapartheid e o quase cercamento da Rodésia pelos Frontline States [Estados da Linha de Frente][2] fizeram com que Pretória formulasse e apresentasse uma nova iniciativa em termos de política regional – a chamada *détente*[3] – que norteou as relações internacionais na África Austral entre 1974 e 1975. Dessa forma, Vorster procurou encaminhar uma solução às questões da Rodésia e do Sudoeste Africano, temeroso de que os conflitos pudessem aumentar.

Segundo Geldenhuys (1984), Vorster promoveu, em colaboração com o presidente da Zâmbia, Kenneth Kaunda, a Conferência de Victoria Falls, para que o diálogo fosse estabelecido entre Ian Smith e os movimentos guerrilheiros do Zimbábue. África do Sul e Zâmbia convocaram, também, em Windhoek, Namíbia, a Conferência Constitucional de Turnhalle, quando todos os grupos étnicos, pela primeira vez, discutiram o futuro político do país. Pretória exerceu alguma pressão sobre o regime branco de Ian Smith para que um governo majoritário africano fosse aceito, mas mostrou menos empenho no caso da Namíbia, ilegalmente ocupada pela própria África do Sul.

Embora a tentativa de *détente* tenha falhado, Vorster visava alcançar objetivos importantes. Entre eles, a criação de alternativas para os planos internacionais de emancipação de territórios; a formação de governos com participação da maioria, mas liderados pelas elites brancas; a obtenção da boa vontade dos países de governo negro na região, daí a aproximação com Kaunda. Ainda que não fosse um fator imprescindível – exceto para o CNA –, as bases de apoio externo em territórios fronteiriços jogavam um papel importante no processo de desenvolvimento e consolidação dos movimentos de libertação nacional. Assim foi para o desenvolvimento da luta de libertação em

---

[2] Os Estados da Linha de Frente eram Zimbábue, Angola, Botsuana, Moçambique, Tanzânia, Zâmbia. Em 1990, a Namíbia ingressou no grupo e, em 1994, a própria África do Sul.

[3] Palavra francesa empregada em política internacional para se referir à diminuição da tensão nas relações internacionais entre nações ou governos.

Moçambique, apoiado por suas bases na Tanzânia, e em Angola, com suas bases na Zâmbia e na República Popular do Congo.

Posteriormente, as bases de apoio à ZANU, de Robert Mugabe, em Moçambique, e à ZAPU, de Joshua Nkomo, mantidas no território da Zâmbia, foram fundamentais para a luta de libertação nacional travada na Rodésia do Sul. A política da *detènte* chegaria a um impasse não pela percepção equivocada de Vorster quanto à alteração da correlação de forças na região, mas, sobretudo, pela inflexibilidade de seu governo em relação à Namíbia e pela recusa de Ian Smith em considerar a participação africana no processo político da Rodésia.

Contudo, a *détente* recebeu o golpe mortal da própria África do Sul, devido ao seu envolvimento na guerra civil em Angola, que culminou com a invasão sul-africana a esse país entre setembro/outubro de 1975 e janeiro de 1976. A intervenção militar em Angola provocou uma virada na política regional, pois, embora o governo sul-africano colaborasse clandestinamente com Portugal no combate aos movimentos guerrilheiros e tivesse atravessado a fronteira com Angola na perseguição aos guerrilheiros da SWAPO, bem como tivesse auxiliado Ian Smith com o envio de polícia paramilitar à Rodésia, até então não havia ocorrido uma intervenção direta com força militar na política interna de seus vizinhos. Conforme Döpcke (1998), a intervenção em Angola fundou uma tradição de interferência repressiva no subcontinente que, durante a era de desestabilização da Total National Strategy [Estratégia Nacional Total], nos anos 1980, assumiu caráter sistemático.

A intervenção sul-africana em Angola, ao lado da FNLA e da Unita baseou-se na percepção de que o governo angolano do MPLA poderia ameaçar os interesses de segurança da África do Sul em função de um possível apoio à SWAPO. Essa percepção, desenvolvida principalmente por parte da inteligência militar, não representava, necessariamente, um planejamento político e estratégico. Tal perspectiva pode ser identificada, primeiramente, pelo fato de a África do Sul não utilizar todo o seu potencial militar, pois supunha, equivocadamente, que a resistência do

MPLA seria frágil diante do poderio da FNLA e da Unita. Em segundo lugar, o governo sul-africano não esperava a inteira disposição da União Soviética e, principalmente, de Cuba em ajudar o MPLA, e, por outro lado, o distanciamento dos Estados Unidos. Por fim, o engajamento militar moderado dos sul-africanos refletia uma disputa de orientação política regional no centro do poder na África do Sul. A experiência sul-africana em Angola foi desgastante para o país, que, pela primeira vez, se envolvia em uma guerra africana sem conseguir alcançar nenhum de seus objetivos.

Os anos 1980 representaram o esfacelamento do cordão de segurança de colônias brancas que protegiam a África do Sul da "onda negra". Em seguida a Angola e a Moçambique, a Rodésia do Sul tornou-se independente (1980), sob o nome de Zimbábue, com a liderança de Robert Mugabe. O colapso das colônias brancas que circundavam a África do Sul foi acompanhado pela intensificação da resistência interna no país, iniciada com a revolta de Soweto, em 1976. Esse novo contexto sul-africano, além de produzir uma grave crise interna, provocou uma reação externa drástica, na forma de embargo de armas. Em 1963, as Nações Unidas impuseram um embargo voluntário para venda de armas à África do Sul, tornado obrigatório em 1977. A resposta de Pretória veio com a ampliação da produção interna de armamentos que, desde 1968, com a criação da Armaments Development and Production Corporation – Armscor [Corporação para Desenvolvimento e Produção de Armamentos], já demonstrava a preocupação do governo sul-africano com a questão.[4]

A ascensão de Botha significou um substancial aumento da força dos militares no poder e, por conseguinte, uma escalada nos ataques às bases do CNA nos Estados da Linha de Frente, assassinando líderes do grupo e destruindo a infraestrutura desses países. A dupla crise, interna e externa, levou a uma

---

[4] Entre o início dos anos 1960 e o fim dos anos 1970, a Força de Defesa do país aumentou de 20 mil para 80 mil membros (Butler, 2004).

profunda reformulação da política e ao surgimento da Estratégia Nacional Total, como dissemos anteriormente.

O conceito de "Estratégia Total" origina-se de um documento do Ministério da Defesa de 1977, mas foi posto em prática somente nos anos 1980,[5] quando a política do Constructive Engagement [Compromisso Construtivo], do presidente Ronald Reagan, criou um ambiente favorável para a coerção militar e econômica na África Austral (Döcke, 1998). A nova aliança com os Estados Unidos foi fundamental para que o governo sul-africano pudesse pôr em prática sua política de "guerras não declaradas" com seus vizinhos.

A partir da administração Reagan e de seu secretário assistente para Assuntos Africanos, Chester Crocker, a África Austral ganhou novo significado no contexto da Segunda Guerra Fria. A abordagem regionalista em relação à região durante o governo de Jimmy Carter foi substituída por uma visão globalista de combate mundial ao comunismo. Dentro da nova lógica, foi possível à elite branca recuperar seu *status* como interlocutores em nível internacional. O Constructive Engagement patrocinou o estabelecimento de um diálogo associado e construtivo com a minoria branca e incentivou a política do apartheid quando essa começava a perder seu vigor diante dos novos acontecimentos regionais.

Segundo a concepção da nova estratégia, a África do Sul encontrava-se sob ameaça de um ataque total de inspiração comunista. Na definição da Estratégia Total, era necessária "uma ação coordenada e interdependente em todos os campos de atividade". Assim, a política tornava-se militarizada, com ênfase na contrainsurgência e no controle sistemático da inquietação

---

[5] Nessa década também foram desenvolvidos programas de armas nucleares (com urânio enriquecido em solo próprio), químicas e biológicas (Butler, 2004). A então Alemanha Ocidental e Israel ajudaram a África do Sul a impulsionar seu projeto nuclear, tornando-a detentora de armas nucleares. Quando ocorreu a transição, houve pressão para a desmontagem do projeto. Em 1991, a África do Sul assinou o TNP.

social, combinado com reformas paliativas do sistema. Acionava-se, assim, a via intervencionista da desestabilização.

A desestabilização objetivada pelo governo de Pretória baseava-se no princípio da coerção econômica e militar dos vizinhos para impor a hegemonia sul-africana. Acreditava o governo que, dessa forma, conseguiria controlar e eliminar o apoio externo aos movimentos de resistência interna e também no Sudoeste Africano, na expectativa de substituir governos hostis por aliados. A África do Sul passou a fazer incursões sistemáticas nos países vizinhos, dando assistência de combate a grupos antigovernamentais, como nos casos da Unita e da FNLA. Também faziam parte da Estratégia Total o apoio financeiro e logístico para treinamento e concessão de armamentos e a garantia de acolhida no território sul-africano de grupos que lutassem contra os Estados da Linha de Frente – a Unita, em Angola, a Renamo, em Moçambique, as milícias de Muzurewa e Sithole e os dissidentes da ZAPU, no Zimbábue, assim como o chamado Lesotho Liberation Army [Exército de Libertação de Lesoto].

Outro instrumento de ação estratégica foi a sabotagem. Foram inúmeros os atos contra alvos econômicos e militares nos Estados da Linha de Frente realizados por comandos sul-africanos, bem como o envolvimento em golpes militares ou tentativas de golpe, como nos casos do Lesoto e de Seychelles. Por fim, a chamada *forward defense* [defesa avançada] constituía-se em ações militares, atentados e ataques contra o CNA e a SWAPO, mas também contra campos de refugiados e simpatizantes dos movimentos em quase todos os Estados da Linha de Frente. A ideia, portanto, era a de neutralizar esses países no que diz respeito à sua postura antiapartheid.

O governo de Pretória alcançou, inicialmente, grandes êxitos com a nova política, ampliando seu predomínio na África Austral a ponto de permitir-lhe forçar os países do seu entorno a celebrar acordos de não agressão[6] em troca da promessa do

---

[6] Citam-se os casos dos Tratados com a Suazilândia, em 1982, de Lusaka com Angola, em 1984, e de Nkomati com Moçambique, também em 1984.

fim da desestabilização. No entanto, a implementação dessa estratégia transformou as condições da África Austral, trazendo grande insegurança e instabilidade nas relações sub-regionais. E ainda, no quadro interno, foram crescentes os elementos que conduziram à desestabilização do próprio regime sul-africano.

De qualquer forma, a estratégia sul-africana foi ampliada com a elaboração de um novo esquema de cooperação regional, a Consas, que representava mais uma tentativa de submeter os demais países da região à supremacia econômica da África do Sul. Além da manutenção de um domínio econômico, os sul-africanos pretendiam organizar um novo esquema de segurança, uma espécie de novo cordão, ao tentar reunir os últimos Estados com governo de minoria branca (Namíbia), moderado (Zimbábue) e conservador (Malauí), bem como aqueles Estados dependentes em termos econômicos (BSL e bantustões).

Por outro lado, o Partido Nacional perdeu força e, mesmo com a reforma política que propunha um parlamento tricameral de representação separada, branca, mestiça e asiática, como uma clara manobra para colocar os demais grupos em posição de subordinação aos brancos, as contradições do regime já eram evidentes. A resistência se intensificou na mesma proporção em que a elite africâner perdia capital político. As investidas regionais sul-africanas não subjugaram os Estados vizinhos, tampouco conseguiram forçá-los à submissão que bloquearia a luta pela libertação, ainda que as tentativas de desestabilização tivessem deixado um rastro de destruição econômica e de insegurança humana. Internamente, a resistência tendeu a se fortalecer diante da radicalização da crise econômica e política. A desigualdade socioeconômica de inspiração racial entre os diferentes grupos da África do Sul e o enorme contingente de refugiados se tornaram problemas que o país e a região teriam de solucionar.

Enquanto isso, a situação nas bases da MK não era das melhores. Membros do grupo foram envenenados em 1978, a força aérea de defesa sul-africana bombardeou vários campos de treinamento em 1979 e, em 1981, infiltrados foram descobertos. Todos esses acontecimentos indicavam que a segurança nas bases deixava a desejar, mas também que a repressão ainda continuava vigorosa. O Departamento de Inteligência e Segurança da MK (que havia sido formado em 1969) decidiu trazer de volta o pessoal que estava em treinamento na União Soviética e no Leste Europeu para fortalecer a guerrilha. O retorno desses quadros representou, em certa medida, uma distorção nos níveis de treinamento, que acabou por gerar conflitos dentro da organização. Foram denunciados abusos de poder dos recém-chegados contra os recrutas que, combinados com as condições de vida e a existência de infiltrados, resultaram em motins nos campos de Viana e Pango, em 1984.

Ao mesmo tempo, a MK viu sua área de operações ser reduzida quando o governo de Moçambique, liderado por Samora Machel, foi forçado pela África do Sul a assinar o Acordo de Paz de Nkomati, em 1984, que pôs fim à guerra civil no país. As bases da MK tiveram de ser removidas, assim como as da Suazilândia. Em um dos períodos mais conturbados para a MK, Oliver Tambo ainda conseguiu manter alguma unidade entre as organizações.

Diante de todas essas dificuldades, o CNA procurou estabelecer um código de conduta, que incluía, entre outros, os seguintes princípios: nenhuma pessoa seria forçada a ingressar na MK; crianças que desejassem entrar na organização deveriam frequentar a escola até chegar à idade adulta para servir; roubos, estupros, crueldade, *bullying*, intimidação, abuso de poder, uso de drogas e utilização de linguagem obscena estavam terminantemente proibidos. A MK declarou-se comprometida, também, com o antirracismo e com o antimachismo. Todavia, a estrutura de pessoal da MK refletia, de certa forma, a sociedade sul-africana. A maioria dos membros era composta por jovens, negros, homens, provenientes da classe trabalhadora. Havia poucas mulheres e, apesar do comprometimento com a libertação feminina, as voluntárias e as recrutas sofriam com o constante assédio, tornando-se, em algumas ocasiões, vítimas de estupro daqueles que permaneciam por muito tempo em condições extremas de privação (Cherry, 2011).

Para ingressar na organização não era necessário qualquer conhecimento ou habilidade. Na verdade, a MK era composta por um exército de voluntários, cujos únicos aspectos levados em conta para o recrutamento eram a boa saúde e a idade adequada para servir. O treinamento e a disciplina fornecidos pela MK foram de grande valor para essas pessoas, pois, se não estivessem ali, poderiam acabar como desempregados ou criminosos. A MK utilizava todo tipo de armas, mas poucas foram utilizadas nos conflitos em território sul-africano, pois dificilmente a organização conseguia infiltrá-las no país. A maioria dos que lutaram e pereceram nos levantes na África do Sul não teve acesso a essas armas, utilizando os recursos que estavam ao seu alcance, como pedras, machados ou pedaços de madeira.

Por outro lado, o CNA restringia o uso de minas terrestres, por exemplo. A organização afirmava que não era seu objetivo provocar a morte indiscriminada de pessoas inocentes, ou dificultar a vida dos fazendeiros, como ocorria em Angola e Moçambique no pós-guerra. Ao utilizar as minas, o alvo deveria ser as forças do governo. No entanto, algumas fazendas nas fronteiras eram consideradas pelo CNA como zonas militares, pois o objetivo era diminuir a presença da força área sul-africana e permitir a infiltração de sabotadores e da guerrilha no país. Como orientação constante, os membros da MK deveriam ter cuidado e evitar as baixas de civis.

A década de 1980 teve início com eventos importantes na África do Sul – a inauguração da Campanha Mandela e a distribuição pública da Carta da Liberdade pela primeira vez desde 1955. A retomada pública dos princípios de uma velha geração de revolucionários ocorreu simultaneamente ao surgimento de uma nova geração de jovens, estudantes, mulheres e trabalhadores que começaram a se organizar em torno de suas próprias demandas e interesses locais – antirracismo, feminismo e democracia passaram a ser compreendidos como demandas de grupos específicos, ainda que fosse feita alguma relação com as demandas políticas nacionais.

De qualquer forma, o CNA desenvolveu uma crescente influência sobre os emergentes movimentos sul-africanos. Em alguns casos, como o do Congresso dos Estudantes Sul-Africanos, o CNA influenciou sua formação por meio de células clandestinas, cuidadosamente estabelecidas. Em outras instâncias, a resistência local contra o apartheid produziu novos sindicatos, organizações juvenis, bem como ONGs que poderiam ser influentes de forma mais sutil no apoio às posições do CNA. De 1979 a 1983, quando a UDF foi formada, a estratégia do CNA era a de estimular a mobilização popular. O espírito dessa estratégia havia sido delineado no chamado Livro Verde, elaborado nos anos 1970, após alguns de seus líderes visitarem o Vietnã e aprenderem sobre a conduta da Guerra Popular e sobre a importância de construir uma base de apoio da massa antes de tentar infiltrar as unidades de guerrilha. Curiosamente, a mobilização popular e a organização ocorreram como nunca antes. A ação da população tornou-se a ordem do dia para as cidades (*townships*, onde viviam apenas as populações negras) e os *campi* universitários em toda a África do Sul.

No início de 1986, as Autoridades Negras Locais, preocupadas com o avanço dessa mobilização, reagiram, tornando mais rígido o controle sobre suas comunidades. O CNA apelava à população para que tornasse o país ingovernável e o apartheid impraticável, ao mesmo tempo que observava pessoas comuns colocando em prática suas próprias táticas. Enquanto o CNA acompanhava a extensão de sua influência por intermédio de operações clandestinas, os prisioneiros da Ilha de Robben e seus apoiadores encontravam enormes dificuldades em estabelecer canais consistentes de comunicação com as estruturas de comando e os quadros da MK.

Em 1985, na Conferência Nacional ocorrida em Kabwe, Zâmbia, realizada no auge dos levantes na África do Sul, o CNA adotou formalmente a estratégia da Guerra Popular. Na ocasião, definiu-se também pela infiltração de quadros da MK no país, para atuação conjunta com a população. Todavia, a maior parte dos quadros da MK encontrava-se nas bases de Angola. Janet Cherry (2011) afirma que boa parte da estratégia do CNA de Guerra Popular foi levada a cabo por pessoas que estavam agindo por conta própria. Roubando armas de pequeno calibre, criando armas artesanais, elaborando táticas de guerrilha urbana contra os agrupamentos policiais, essas pessoas formaram suas próprias unidades paramilitares e implementaram a estratégia do movimento. Uma primeira impressão em relação a esses fatos pode levar ao entendimento de que o CNA, mais uma vez, havia falhado ao não se fazer fisicamente presente no processo. Contudo, ao considerarmos as dificuldades históricas da organização, esse parece ter sido o momento de maior vigor da revolução liderada pelo CNA. Afinal, a África do Sul do apartheid dispunha de poderosos recursos, meios de repressão e amigos de peso na comunidade internacional.

Essas jovens formações urbanas estavam claramente identificadas com o movimento de libertação. Em alguns casos, a organização interna desses grupos refletia a hierarquia militar da MK, mesmo não tendo recebido instruções para isso. Em outros, apesar da tentativa de direção geral das lideranças políticas, tomavam suas próprias decisões sobre táticas operacionais. Se as circunstâncias permitissem, esses grupos estabeleciam ligações com as redes clandestinas do CNA, mas, quando não era possível, empregavam suas criativas táticas militares, utilizando o que estivesse à disposição. Entretanto, o governo sul-africano ainda mantinha uma forte base social nas áreas de população branca e naquelas em que o CNA, apesar de bem-sucedido em conquistar o suporte das massas, não havia conseguido provocar a divisão das classes negras dominantes para, assim, minar as forças do aparato estatal.

Em resposta aos levantes nas cidades, o regime racista impôs estado de emergência parcial em 1985, e estado de emergência nacional de 1986 a 1989. Durante o período, as forças de segurança usaram um poder extraordinário – prendiam sem julgamento, posicionavam forças militares em áreas residenciais urbanas, controlavam os movimentos populares com toques de recolher e mantinham cordões policiais para provocar a detenção de milhares de pessoas com o propósito de inibir os levantes. Em 1988, o regime estava confiante de que novamente controlava a situação e de que havia chegado o momento de proceder às eleições para as Autoridades Negras Locais, que tinham sido atingidas pelos conflitos. Na verdade, o governo sul-africano parecia incapaz de perceber as profundas transformações internas e internacionais que se processavam naquele momento. Não foi fácil romper com uma lógica com mais de três séculos de existência.

A despeito de todos os obstáculos, as ações da MK continuaram, e a chamada Operação Vula foi a resposta para solucionar o problema da frágil comunicação entre as lideranças revolucionárias do CNA e os movimentos internos e externos. Cada vez mais se tornava primordial reforçar operações clandestinas na África do Sul. Em 1987, os trabalhos foram iniciados, mas dois problemas fundamentais já estavam postos. Primeiro, apesar da funcionalidade da rede, havia se iniciado o processo de negociação entre as lideranças detidas e o regime. Assim, curiosamente, enquanto a insurreição crescia, às suas costas era negociada uma saída pactuada. A intensificação da luta armada aumentava o poder de barganha dos negociadores. Segundo, como parte da operação, procedia-se ao envio e armazenamento de armas no país, tanto como estratégia de suporte como também com vistas a um possível levante armado geral, pois o objetivo era a conquista do poder estatal. Quando a operação se tornou pública, o regime acusou os negociadores do CNA de estarem agindo de má-fé, dificultando ainda mais as conversações.

No final dos anos 1980, um acontecimento decisivo na região, com profunda influência sobre o futuro da MK, foi o desenrolar da guerra em Angola. Centenas de membros da MK morreram nos campos de batalha quando forneciam apoio ao exército angolano no *front* Norte, que combatia as forças da

Unita[7] e da SADF. A derrota sul-africana em Cuito Cuanavale, em 1987-1988, provou que a SADF não era invencível e levou o governo sul-africano para a mesa de negociações. A população branca era reduzida, e o conflito e o recrutamento custavam caro demais, privando a economia de mão de obra especializada. As baixas geravam desalento, oposição, deserções e emigração de brancos. Com o fim do violento conflito, a implementação da Resolução 435 da ONU e a consequente independência da Namíbia, a MK teve seus campos fechados em Angola e seus quadros foram removidos para ainda mais longe do *front* sul-africano. O mais importante para os membros da MK era a designação para atuar no território do seu país. Contudo, foi espantoso o número de baixas que sofreram quando lá chegaram – muitos foram capturados e presos, ou mortos.

As sanções internacionais, a crise econômica e a inviabilização do apartheid

A crise econômica afetou profundamente a imagem de credibilidade do governo sul-africano. A partir de meados dos anos 1980, cresceu o número de países que passaram a acatar a proposta de sanções econômicas (entre eles, nove dos dez integrantes da CEE e os Estados Unidos). Entre 1984 e 1988, embora o governo procurasse aparentar, em particular aos investidores e clientes da África do Sul, que a opressão racial estava terminando, a elite africâner abandonou a visão reformista para resgatar uma política tradicional, decretando medidas de exceção em todo o país e retomando a violência interna como meta principal.

Após a gestão de Vorster, a África do Sul foi comandada por Pieter Willem Botha (1978-1984). Quando Botha tornou-se primeiro-ministro, instituiu uma espécie de "neoapartheid", que se apoiava em três pilares. O primeiro pilar era o da Estratégia

---

[7] Movimento armado que disputou o poder com o MPLA após a independência do país. A Unita recebeu suporte do regime racista sul-africano e dos Estados Unidos, mas foi derrotada pelo MPLA e pelos cubanos.

Total, a qual ia ao encontro dos interesses dos militares e dos que primavam pela estabilização da segurança. O segundo pilar caracterizava-se por uma estratégia de acumulação baseada nas corporações. Por fim, a administração centralizada e burocratizada deveria ser reforçada. Esses três pilares traduziam a política geral, mas os membros das corporações e da administração, mais influentes, tornaram-se grandes apoiadores das reformas de livre mercado, na expectativa de reduzir o espaço que os comunistas poderiam aproveitar e de convencer os jovens negros dos méritos do capitalismo. Grande parte da comunidade de negócios passou a se interessar, por exemplo, pela expansão da Armscor. Tratava-se da união entre o setor público e o privado, sem que se possa saber quem cooptava quem, e a que preço. O fato é que cada ator desse pacto de poder acreditava estar cooptando o outro.

Em 1983, Botha introduziu uma nova Constituição, pela qual a África do Sul tornou-se presidencialista e o Legislativo, composto de três câmaras: uma branca, com 178 membros, uma mestiça, com 85 membros, e uma hindu, com 45 membros. Cada câmara deveria cuidar dos assuntos de seu próprio grupo racial, e suas resoluções estavam sujeitas à aprovação presidencial. Leis de interesse de todos os grupos, assim como dos negros, deveriam ser aprovadas pelas três câmaras e pelo presidente. A nova Constituição foi aprovada por uma maioria de 66% num referendo só de brancos, mas as comunidades de cor e hindu se dividiram. Em 1983, os que se opunham à participação dessas comunidades nas eleições tricamerais formaram a UDF, que rapidamente se transformou na principal oposição legal ao governo. Nas eleições de agosto de 1984, votaram apenas 16,6% do eleitorado mestiço e 18% do eleitorado hindu, o que demonstrou o pequeno apoio popular à reforma constitucional. A tentativa de cooptar os outros dois grupos ao poder branco tinha fracassado.

Botha governava usando a cooptação, com a colaboração da SADF. No entanto, essa estratégia transformou-se em um sistema de corrupção – apenas os brancos aptos a serem cooptados recebiam seus benefícios, o que apressou o fim da ordem vigente. No final da década de 1980 o país estava em crise financeira e de segurança. No nível internacional, estava isolado – nem os seus tradicionais parceiros norte-americanos, britânicos e alemães hesitavam em pressioná-lo quando necessário. A economia entrava em uma crise estrutural, o desemprego atingira seu recorde e os gastos do governo alcançaram um nível insustentável. Depois da confrontação entre empresários e governo no final da gestão Voster, o governo Botha procurou se aliar ao empresariado, apoiando-se no ideário anticomunista e na proposta, concebida pelos próprios empresários, de promoção de "qualidade de vida" aos negros urbanizados como forma de inseri-los no sistema econômico. Nesse governo, o setor privado assumiu um protagonismo nunca visto na África do Sul.

Apesar das ações repressivas, novas frentes de oposição foram criadas, como a Azapo[8] e o Cosatu. Em abril de 1985 foram revogadas as leis que proibiam casamento e relações sexuais entre pessoas de diferentes raças. No mês seguinte, caiu a proibição de pessoas de raças diferentes pertencerem ao mesmo partido. Em abril de 1986, o governo promulgou leis que eliminavam restrições ao movimento, residência e emprego de negros em áreas brancas. Em julho de 1986, as leis de passaporte foram revogadas, criando-se um mesmo documento de identidade para todos os cidadãos sul-africanos.

Apesar das aparências, Botha não estava acabando com o regime, mas sim alterando suas formas – concessões políticas aos mestiços e aos hindus e concessões econômicas aos negros deveriam dar um novo fôlego ao monopólio branco de poder:

> Uma classe média negra poderia se desenvolver e, com os *coloured* [mestiços] e hindus, deveria ser cooptada uma nova aliança de incluídos, recompensados com uma fatia

---

[8] Organização inspirada no Movimento de Consciência Negra, de Steven Biko, que pretendia fundar um Estado socialista a ser conhecido como "Azania".

maior do bolo econômico e direitos políticos limitados sobre seus próprios negócios étnicos. Os excluídos por enquanto, a massa de negros pouco educados e não qualificados, seriam lançados à periferia mais rigorosamente do que nunca por uma série de remoções forçadas e uma aplicação mais rigorosa das leis anti-invasões nas cidades. Isso foi chamado algumas vezes de "opção brasileira", a qual, ao descaracterizar racialmente [*deracializing*] o grupo incluído, daria a impressão de que o apartheid fora desmantelado. (Sparks apud Singer, 2000, p.220)

Na realidade, nos últimos anos do apartheid, já era visível a rápida incorporação dos negros à economia industrial. Segundo Paul Singer (2000), em 1960 os africanos constituíam 23% dos profissionais e técnicos, 9% dos gerentes e administradores, 6% dos empregados de escritórios e 18% do pessoal de vendas. Já em 1980, essas porcentagens eram de 31%, 4%, 25% e 40%, respectivamente. Exceto os cargos de gerentes e administradores, a participação africana nas ocupações mais qualificadas aumentou substancialmente, o que refletiu na distribuição de renda.

A estratégia do governo Botha falhou – a nascente classe média negra, em sua maioria, rejeitou o esquema de cooptação, bem como os demais grupos étnicos. A UDF se ampliou a tal ponto que chegou a agregar setecentas organizações, representando 2 milhões de pessoas. Logo, as palavras de ordem dos anos 1950 e 1960 foram retomadas, apoiadas pelo sindicalismo africano em ascensão. Esse movimento retomou a Carta da Liberdade de 1955 e, inevitavelmente, trouxe de volta o CNA como centro da arena, apesar das restrições legais.

Os setores negros em ascensão recusaram o novo lugar subordinado que as reformas de Botha passaram a lhes oferecer, e aqueles que aceitaram os papéis de "governantes" tornaram-se alvo da revolta que a massa dos cortiços e das favelas promoveu. Essa situação decorreu do decreto governamental que estabelecia que os distritos negros deveriam se autogovernar mediante a eleição de conselhos. A não aceitação desse processo e o baixo índice de eleitores que compareciam às urnas permitiram que esses vereadores trabalhassem em causa própria, o que conduziu a um notável esquema de corrupção.

Em torno de 1984, as novas municipalidades representavam focos de profunda tensão social. Os enfrentamentos entre manifestantes e a polícia passaram a ser uma constante. O que ocorreu na África do Sul entre 1984 e 1987 pode ser comparado aos episódios de Sharpeville, em 1960, e de Soweto, em 1976. No entanto, a extensão e a duração dos confrontos tenderam a crescer e a se intensificar, e o efeito político foi decisivo diante da crise do apartheid.

Se por um lado as reformas de Botha tinham como objetivo reorganizar o regime internamente, por outro buscavam melhorar a imagem externa do país perante as principais potências capitalistas – Estados Unidos, de Ronald Reagan, Grã--Bretanha, de Margareth Thatcher, e Alemanha, de Helmut Kohl. Os governos conservadores desses países eram sensíveis aos esforços do governo sul-africano no sentido de descaracterizar o regime nas suas facetas mais condenáveis. A convergência de interesses entre essas nações e a África do Sul, principalmente as de caráter estratégico, pode ser diagnosticada na posição de Thatcher ao sugerir à comunidade internacional que diminuísse algumas das medidas restritivas como forma de encorajar a África do Sul a continuar suas reformas (Fieldhouse, 2005). No entanto, à crise do regime, paralelamente às contradições sociais internas e às pressões regionais e internacionais, agregou-se outro componente crucial: as cisões no seio do Partido Nacional.

As concessões feitas aos grupos não brancos foram rejeitadas pela ala mais radical do Partido Nacional, que acabou rompendo com ele e fundando o Partido Conservador. Enquanto isso, o outro grupo estava convencido de que seria necessário estabelecer um diálogo com a maioria da população do país, ainda que as suas demandas exigissem novas considerações. O Partido Nacional, portanto, dividiu-se em duas correntes, que, em verdade, permearam a opinião do próprio Afrikanerdom. O governo sul-africano oscilou entre as duas tendências, ao mesmo tempo que, como vimos, começou uma lenta e gradual conversação com as lideranças do CNA, ainda encarceradas. No entanto, dentro do governo, a postura era de manutenção do regime e da repressão.

Uma das exceções foi Hendrik Coetsee, ministro da Justiça, que, diante da fragmentação do Partido Nacional, se posicionou em favor do estabelecimento do diálogo com a maioria. Logo depois de assumir o cargo, Coetsee permitiu o acesso a jornais, rádio e TV aos prisioneiros políticos na Ilha de Robben, entre os quais estavam Mandela e a antiga direção do CNA. Em 1982, Mandela, Sisulu, Kathrada, Mhlaba e Mlangeni foram transferidos da ilha, a 6 milhas da costa do Cabo, para a prisão de alta segurança de Pollsmoor, situada num subúrbio da Cidade do Cabo. Enquanto isso, o que ocorreu nas ruas da África do Sul entre 1984 e 1987 pode ser considerado como algo bem maior do que o confronto entre maiorias oprimidas e os aparelhos de repressão. Na verdade, o que foi visto pode ser definido como ondas reativas de fúria destrutiva, que se manifestavam sob a forma de incêndios e massacres.

Conforme Paul Singer (2000), a transferência dos prisioneiros à terra firme tinha por finalidade facilitar as conversações secretas entre eles e o governo. A ocasião para isso ofereceu-se em 1985, quando Nelson Mandela teve de ser internado em um hospital para passar por uma cirurgia. Coetsee foi vê-lo e, assim, estabeleceu o primeiro contato pessoal entre um dos principais líderes de oposição ao apartheid e o governo. Mandela havia escrito ao ministro pedindo que o visitasse na prisão, com a intenção de organizar um encontro com Botha. O ministro estava convencido de que a hora de negociar havia chegado, pois a incessante multiplicação dos levantes só poderia ser contida por alguma espécie de acordo. O governo lentamente reinseriu Mandela no movimento de resistência, sem libertá-lo. Instalou-o na casa de um ex-subdiretor da prisão, onde ele passou a receber visitas de outros prisioneiros políticos de Robben e de Pollsmoor. Seus contatos com as bases de Lusaka, Zâmbia, foram facilitados, de modo que as posições que assumia representavam de certa maneira as do CNA, embora o sigilo impedisse que as consultas ultrapassassem um círculo restrito de dirigentes. Mandela deixou claro que a luta armada só seria abandonada quando o governo abrisse mão do monopólio de poder e iniciasse negociações com representantes de todo o povo. Explicou também que o CNA não era comunista, mas não abandonaria o Partido Comunista, que desde os anos 1920 havia tomado parte na luta contra o racismo. E, quanto ao princípio de governo da maioria, ele observou que o próprio regime branco deveria considerá-lo, pois se tratava de um pilar da democracia em todo o mundo.

No final da década de 1980, a mudança processada no cenário internacional refletiu significativamente sobre a política interna e externa da África do Sul. Diante do novo jogo de forças que se constituía, as sanções econômicas se intensificaram e as críticas morais em defesa dos direitos humanos tornaram-se bandeiras em todas as partes do mundo. O boicote global à África do Sul produziu fortes constrangimentos econômicos internos e refletiu significativamente sobre a política regional. As mudanças mais visíveis nesse setor foram as negociações bem-sucedidas em torno da independência da Namíbia e a retirada das tropas cubanas de Angola. A Perestroika esvaziava o discurso anticomunista, e a comunidade internacional desejava paz e negócios na região.

Desde 1982, a partir da formulação norte-americana, a independência da Namíbia e a presença dos cubanos em Angola eram conflitos ligados diplomática e politicamente (na prática, ou melhor, no campo de batalha, essa ligação ocorria desde 1975, com a invasão sul-africana em Angola). Durante os anos 1980, essa ligação servia para a África do Sul mais como um pretexto para sabotar as negociações sobre a Namíbia e terminar com a ocupação ilegal desse país, como fora estabelecido pela Resolução 435 da ONU. Contudo, em agosto de 1988, a solução desse conflito ganhou contornos mais definidos com a assinatura do Protocolo de Genebra, que estabeleceu um cessar-fogo entre os sul-africanos e os angolanos, bem como previu a retirada das tropas sul-africanas de Angola.

No entanto, foi em dezembro de 1988, após uma série de negociações, que África do Sul, Angola e Cuba definiram os prazos para a retirada das tropas cubanas de Angola e da maioria das tropas sul-africanas da Namíbia, por meio do Acordo de Nova York. Nesse acordo estava prevista, também, a realização de eleições e a independência da Namíbia. Em novembro de 1989 as eleições foram realizadas, e em março de 1990 o país conseguiu sua independência sob o governo da SWAPO. Alguns anos antes, esse era um cenário impensável para os sul-africanos. Nesse sentido, e de importância central, o encaminhamento de soluções para os conflitos regionais esteve vinculado ao desgaste militar e às perdas significativas da África do Sul, simbolizadas pela derrota na Batalha de Cuito Cuanavale, em fevereiro de 1988. Na ocasião, tornou-se visível a perda de superioridade aérea no sul de Angola e o avanço das tropas angolanas e cubanas até uma curta distância da fronteira entre Angola e Namíbia. Um confronto que inicialmente parecia de baixo risco assumiu proporções de uma guerra radicalmente transformada, indicando os limites de poder militar sul-africano.

Na verdade, diante do enfraquecimento militar, da nova *détente* entre as duas superpotências e da necessidade de apresentar uma postura diferenciada para a comunidade internacional no intuito de evitar sanções mais duras, a África do Sul optou por trocar a independência da Namíbia pela retirada das tropas cubanas de Angola. Por meio de um grande esforço diplomático, os sul-africanos buscaram resolver os conflitos regionais sem serem desmoralizados. Para tanto, tiveram de permitir que os cubanos celebrassem seu engajamento militar como fator decisivo na derrota do regime do apartheid em Angola.

Assim, as condições objetivas para uma mudança significativa na postura do Partido Nacional estavam postas. A situação econômica e o esgotamento das estratégias políticas militarizadas não davam mais suporte à manutenção do regime. Botha colocava-se como um obstáculo a um avanço qualitativo nas negociações com as lideranças do CNA. Diante da fragilidade de sua saúde e dos apelos de seus próprios ministros, o presidente apresentou sua renúncia, cedendo o lugar ao então presidente do Partido Nacional e ministro da Educação, Frederik W. de Klerk, em agosto de 1989. Nas eleições que se seguiram, o Partido Nacional fez uma campanha bastante conservadora, sem indicar qualquer possibilidade de mudança. No entanto, o próprio De Klerk justificou que essa posição foi tomada em função do temor de perder os votos dos conservadores. Embora alguns observadores identifiquem o ponto de virada da política sul-africana com a gestão De Klerk, o início dessas mudanças antecedeu sua posse.

De qualquer forma, a abertura de uma nova fase foi marcada pelo memorável discurso no Parlamento, em 2 de fevereiro de 1990, no qual o presidente De Klerk anunciou a legalização de todas as organizações banidas – o CNA, a *Umkhonto we Sizwe,* o Congresso Pan-Africanista e o SACP – e a libertação de Nelson Mandela, bem como a de centenas de outros prisioneiros políticos. Afirmou também sua disposição em negociar com todos os "novos" atores uma Constituição nacional e a revogação de medidas repressivas que restringiam a liberdade de imprensa e os direitos dos presos políticos. Em menos de dois anos, De Klerk permitiu que fosse suspenso o estado de exceção em todo o país, que fosse libertada a maioria dos presos políticos e legalizadas as oposições extraparlamentares. Naquele momento também foi promovida a repatriação dos exilados e revogadas as Lei das Áreas de Grupo, as leis de terra e a Lei de Registro da População. Por fim, os estatutos dos bantustões foram finalmente abolidos. Essas medidas possibilitaram um jogo cooperativo entre o governo e as forças de oposição, mas não cessaram os imensos confrontos que ainda ocorriam na África do Sul.

Diante da nova conjuntura, o governo sul-africano encaminhou um processo de distensão, tanto no plano interno como no externo. No plano externo, dentro da nova postura que desenhava uma estratégia cooperativa, a administração De Klerk obteve a recuperação da credibilidade internacional do governo e a recomposição das relações externas do país. A África do Sul buscou a cooperação com os países vizinhos e com as potências ocidentais, assim como com a Ásia (Japão), o Oriente Médio (Irã, Israel) e a América Latina (Argentina, Chile e Brasil), abrindo caminho para que a transição viesse a ocorrer. Além de uma nova projeção internacional, outro grande desafio do país consistiria em superar os problemas da pobreza e da desigualdade. Dessa forma, a estabilidade democrática e a definição de políticas sociais passaram a pesar na agenda doméstica, com repercussões na vida internacional do país.

As tentativas de solução pacífica, o apoio internacional e o fim da luta armada

A resolução dos conflitos regionais, a liberdade concedida a Nelson Mandela e aos outros presos políticos, bem como a descriminalização dos movimentos de libertação, foram, sem dúvida, eventos muito importantes que marcaram o fim do apartheid. Entretanto, a participação sul-africana na arena internacional não seria legitimada antes de o antigo Parlamento do apartheid aprovar o Transitional Executive Council Bill [Projeto de Lei do Conselho Executivo de Transição], em setembro de 1993, de as sanções que restaram serem retiradas e da histórica eleição de abril de 1994. A ascensão de Mandela ao poder certamente alterou a reorganização interna, a partir de sua proposta de transformação social e política, e também auxiliou na recomposição das relações externas do país. Apesar do otimismo dos primeiros anos de governo, deve-se reconhecer que as redefinições internas, as relações regionais e o papel da África do Sul no cenário internacional não evoluiriam sem problemas.

As transformações políticas e socioeconômicas na África do Sul foram concomitantes à reestruturação da balança de poder global conduzida pelo colapso da União Soviética e pelo final da Guerra Fria. O desaparecimento da União Soviética como ator político global limitou o espaço que havia para os países do Terceiro Mundo barganharem vantagens diplomáticas nos organismos internacionais, bem como a capacidade desses países em perseguir agendas próprias. E, ainda, essa reestruturação internacional promoveu a aceleração dos processos de democratização e o desenvolvimento de uma economia orientada para o mercado, como exigência para a inserção internacional dos países do Terceiro Mundo. Embora alguns analistas falem em um "pacto de elites" e das afinidades entre o governo De Klerk e o CNA, o processo que conduziria à superação do regime do apartheid não se desenvolveria sem intensos debates sobre os rumos a serem seguidos e conflitos armados, não só entre as partes, mas envolvendo outros setores da sociedade.

No esquema de negociações entre o governo e o CNA, em termos gerais, as lideranças do Partido Nacional enfatizavam sua preferência pelo multipartidarismo e por uma economia regional de mercado, pelo primado da iniciativa privada e pela privatização de empresas mistas não estratégicas, visando diminuir os recursos de poder de um eventual governo do CNA e reforçando uma classe empresarial privada. Enfim, separando o poder político do econômico. Rapidamente as multinacionais e as empresas mistas, com apoio das instituições financeiras internacionais, procuraram firmar ou ampliar suas posições na África Austral. De Klerk e o Partido Nacional pretendiam desempenhar um papel político e econômico central no contexto pós-apartheid. A perspectiva traçada pelo Partido Nacional constituía uma área de conflito com o CNA, na medida em que, ao contrário, sua intenção era desenvolver relações não hegemônicas no continente e aderir à SADC nos termos da organização, com vistas a estabelecer um desenvolvimento regional equilibrado. Entretanto, a área conflito mais intensa residia no problema das sanções e no momento de anulá-las.

O governo De Klerk pretendia obter a anulação dos embargos o mais rapidamente possível, com o objetivo de reinserir o país ativamente na política mundial. O CNA, por outro lado, defendia a necessidade de garantir a segurança do processo de transição negociada, um período difícil e exposto a impasses, para, então, anular completamente as sanções. As iniciativas do governo desestabilizaram o plano de negociações esboçado pelo CNA. Todavia, a resolução da Assembleia Geral da ONU sobre a África do Sul, de dezembro de 1989, determinou que as sanções fossem mantidas, até que "haja evidência de profundas e irreversíveis mudanças".[9] Diante de tais condições, De Klerk assumiu uma posição mais ofensiva.

Em contrapartida, o CNA, na figura de Mandela, iniciou uma série de visitas diplomáticas com o intuito de ganhar tempo, mas também de arrecadar financiamento para a organização, pois as principais fontes – União Soviética e Alemanha Oriental – não existiam mais. Os primeiros contatos se efetivaram na África. Mandela visitou Lusaka, Zâmbia, onde manteve conversações com membros do CNA, e depois seguiu para Harare, Zimbábue, quando intensificou o contato com Robert Mugabe e seu partido ZANU, antigo aliado do PAC, de quem obteve apoio para as negociações do CNA. O próximo foco de conversações foi com o MPLA, em Angola, com quem o CNA mantinha laços históricos. Em Abuja, Nigéria, Mandela assistiu como observador à sessão do Comitê sobre a África do Sul da Comunidade Britânica. Na ocasião, procurou influenciar a comunidade contra a proposta britânica de relaxamento das sanções. Tal proposição tinha sido uma iniciativa isolada do Reino Unido, com apoio de Portugal, de remover os embargos da CEE a novos investimentos, imediatamente após a libertação de Mandela.

Mandela viajou também à Europa, logo após o presidente De Klerk, com o objetivo de que a CEE mantivesse as sanções. Alguns países europeus, como Itália e Espanha, indicavam a intenção de rapidamente aliviar o isolamento sul-africano, enquanto Irlanda e Dinamarca apoiavam as iniciativas do CNA. No entanto, as negociações na Europa resultaram em benefícios parciais, pois a CEE procurou atender ambos os lados, mantendo as sanções e as condições para sua remoção, mas admitiu, também, considerar um relaxamento gradual à medida que o processo de negociação se firmasse. A próxima etapa constituiu-se pela visita de Mandela ao Canadá e aos Estados Unidos. Em

---

[9] General Assembly Resolution: Declaration on apartheid and its Destructive Consequences in Southern Africa. 14 December 1989. Disponível em: <http://www.anc.org.za/um>. Acesso em: 29 ago. 2011.

Ottawa, Mandela obteve apoio à manutenção das sanções nos termos da resolução da ONU e financiamento de fontes oficiais e não governamentais. Porém, a estada nos Estados Unidos foi bastante problemática, sem nenhum avanço que beneficiasse as posições do CNA.

Contudo, enquanto as negociações aconteciam, os quadros da MK mantiveram seu propósito de derrubada e tomada do poder. Tratava-se de uma estratégia de duas vias – manter a pressão da força armada, enquanto se exploravam as condições de negociação. No entanto, Nelson Mandela e Oliver Tambo entendiam que a negociação não só era possível, como era a melhor coisa a ser feita. As condições para a continuidade da luta armada haviam desaparecido. O colapso do bloco socialista e o fim da União Soviética, a nova realidade regional e a pressão dos homens de negócios para que a economia sul-africana continuasse funcionando, bem como a perda de vidas humanas decorrentes da escalada do conflito armado, foram elementos considerados nos cálculos dos negociadores do CNA.

A situação da África do Sul havia chegado a um beco sem saída. Apesar da esperança de sucesso em torno da resolução dos conflitos, muitas incertezas ainda permaneciam, em especial com a contínua escalada da violência perpetuada pelo Inkatha nas *townships* de Gauteng. O movimento, estabelecido pela primeira vez em 1922-1923 como uma organização cultural do povo zulu, foi revivido por Mangosuthu Buthelezi em 1975. Inicialmente, o Inkatha apresentou-se como aliado do CNA e dos demais movimentos de libertação. No entanto, logo foi percebido que a política implementada no bantustão KwaZulu indicava a colaboração de seu líder com o regime racista quando, aproveitando sua posição de liderança, angariava benefícios individuais. Os zulus são o grupo étnico mais numeroso da África do Sul (aproximadamente 7 milhões). Com o acirramento do conflito, o Inkatha tornou-se ainda mais radical em suas posições e passou a minar as ações do CNA, o que levou à ruptura definitiva entre os movimentos em 1979. O Inkatha tornou-se um dos principais rivais do CNA, o que aumentou o conflito significativamente e denunciou sua complexidade. Em 1985, o Inkatha alegou ter mais de 1 milhão de membros e, no final da década de 1980, 1,5 milhão, com uma brigada de 60 mil jovens e 500 mil mulheres (Saunders; Southey, 2001). A ideia era a de se apresentar como uma força que pudesse ameaçar as ações do CNA e da MK, curiosamente vinda dos próprios negros.

A decisão de suspender a luta armada em 1990 foi, certamente, incompreensível para a MK. Acreditando ainda que a estratégia da luta popular seria bem-sucedida, seus membros achavam difícil que a negociação com os inimigos pudesse produzir algum resultado. Os negociadores do CNA, por outro lado, buscaram redigir documentos para esclarecer o conteúdo das negociações e, assim, levar os demais membros à compreensão sobre a mudança da estratégia. Ainda assim, em áreas de conflito intenso, a MK ainda confiava na luta armada e na vitória, pois, ao mesmo tempo que se encontrava em situação de cessar-fogo, recebia apelos para fornecer assistência e armas.

Diante daquela realidade, o CNA ajudou na formação das *Self-Defence Units* [Unidades de Autodefesa], com o propósito de responder aos ataques a comunidades urbanas no final dos anos 1990. Conforme o documento intitulado "Para o bem de nossas vidas", era indicado que as unidades deveriam ser, por definição, paramilitares, distintas das demais organizações. Sua função era reprimir agressões e assegurar a lei e a ordem. Seus membros deveriam ser treinados para serem altamente disciplinados. O documento enfatizava também que a MK não poderia naquele momento assumir a tarefa de defender o povo sozinha, apesar do direito que as pessoas teriam a essa defesa. Mas, também, que a proposta de cessar-fogo não neutralizaria a MK, pois ela ainda tinha um papel importante a cumprir. E, ainda, os quadros da MK, particularmente ex-prisioneiros e ex-exilados que haviam retornado, deveriam liderar ativamente o estabelecimento das unidades (Cherry, 2011).

No entanto, a volta dos membros da MK para casa foi bastante problemática. Além de terem passado por condições extremas de privação, ao regressarem defrontaram-se com a mesma pobreza anterior, tornando-se um peso para suas famílias. Ainda no período 1991-1993, os membros da MK continuavam a ser ameaçados pelas forças de segurança, que alegavam a manutenção das atividades de recrutamento para a organização. O CNA negou que a MK continuasse engajada na luta armada, mas que mantinha o direito de recrutar novos membros. Na verdade, a estratégia de suporte armado, caso as negociações falhassem, ainda permanecia.

Os jovens da MK ressentiam-se da impossibilidade de lutar e das condições pouco compensatórias que lhes restaram. Diversas sugestões com o objetivo de "incluir" esses jovens foram consideradas – como o Programa de Educação de Massas –, já que haviam recebido boa educação, disciplina e motivação. No entanto, suas habilidades não estavam direcionadas para ações "educativas". A alternativa seria a preparação desses quadros para serem integrados às forças de defesa sul-africanas. No entanto, a fusão foi realizada com um custo muito alto para esses jovens, que não encontraram seu espaço. E mais: depois da experiência nos campos de Angola, muitos deles não permaneceram como entusiastas da vida militar. De qualquer forma, foi estabelecido um Conselho de Coordenação Militar Conjunta, mas a integração de todas as forças armadas só ocorreu em 1994, após as eleições de abril, quando foi criada a SANDF.

O fato é que essas pessoas, depois de longos anos de preparação e privações, quando puderam voltar ao seu país, não encontraram formas de atuação e acabaram por se transformar em uma fonte de problemas políticos. Dificuldades com a integração social, a pobreza e o desemprego foram os principais problemas enfrentados pelos membros da MK. Muitos aderiram à SANDF por falta de opção. Não poder usar o símbolo da MK ou os valores positivos, como o comprometimento e a dedicação, por exemplo, foi um desafio para muitos desses jovens. No entanto, a MK trouxe elementos positivos para a SANDF – a legitimação da defesa, num contexto político em que as forças armadas não eram aceitas pela maioria da população, podendo representar uma ameaça à estabilidade e à democracia nascente.

Contudo, a luta armada da MK será lembrada como exemplo de uma guerra justa conduzida com considerável contenção. Se comparada com as demais organizações dos países africanos, em especial a dos países vizinhos, percebe-se que a MK teve um *modus operandi* diferente – os custos da guerra para a população local foram poucos, assim como, os efeitos psicológicos, físicos e estruturais. A África do Sul não passou por uma ruptura em termos econômicos e sociais que outros países africanos sofreram. O país possuía instalações modernas e produzia alimentos em larga escala, estrutura que não foi afetada. A liderança do CNA sobre a MK foi um fator importante para a condução de suas ações, pois a organização esteve sempre sob a sua disciplina e direção política. É interessante observar também que a liderança política do CNA era coletiva e relativamente democrática. Certamente, diversos erros foram cometidos – frutos da experiência revolucionária peculiar que tiveram – tanto pelo CNA quanto pela MK. Contudo, ambos mantiveram a coerência e a unidade em três décadas de luta armada.

Em três décadas a MK matou 240 pessoas; o regime do apartheid matou milhares (Cherry, 2011). As poucas baixas produzidas pela MK certamente estão relacionadas à falta de eficácia das suas ações, mas também à repressão patrocinada pelo Estado do apartheid, que produziu um aparato político conservador, autoritário, forte e estável. Assim, ao indagarmos sobre o fracasso da luta armada na África do Sul, podemos sugerir a enorme carga de contradições daqueles que a levaram a cabo, mas não podemos esquecer a esmagadora brutalidade do regime. O curioso é que, embora imensamente poderoso em termos policiais e militares, o Estado sul-africano não foi uma ditadura militar, nem um Estado policial totalitário. Até mesmo nos momentos em que foi declarado estado de emergência para conter a dissensão e a revolta, ainda existia um grau de relativa normalidade social e econômica na África do Sul para os brancos, é claro. Nada disso sugere que o regime do apartheid tenha sido de alguma forma aceitável, ou que a decisão pela luta armada para depor tal regime tenha sido injustificável.

De certa forma, a MK ganhou a guerra contra o apartheid ao alcançar o seu objetivo de instituir a democracia nacional na África do Sul. A organização evitou uma guerra civil devastadora ao ser incapaz de conquistar o poder pela força, e contribuiu para elevar o moral de um povo oprimido por um regime repressivo e não legítimo. No entanto, a luta também foi conduzida por milhares de sul-africanos sem armas ou treinamento militar, que se uniram em diferentes organizações, não aceitando as condições que o sistema lhes impunha e tornando-o impraticável. Trata-se da vitória sobre o medo. O desafio e a revolta impostos por sul-africanos comuns também foram estratégias utilizadas pelos movimentos de libertação nacional.

O SACP tinha clareza das dificuldades que seriam enfrentadas ao iniciar a luta armada. Diziam eles que o momento preciso em que se desencadeia a ação armada nem sempre coincidiria com a situação local ou nacional mais favorável. No entanto, nem todos os sucessos do inimigo seriam provenientes do fracasso ou de um erro da força revolucionária. Uma luta armada, afirmavam, "é uma competição em que há dois lados. O antagonista não é objeto passivo, que se alimente só do que lhe é atirado ao acaso. Ao contrário, está em luta ativa e permanente com quem o ameaça. Quando marca pontos, isso se deve muitas vezes à sua própria força, e não aos erros do lado oposto". Os comunistas sabiam que ao enveredar pela luta armada estariam convidando o inimigo à contraofensiva. Mas, ao mesmo tempo, se a luta armada não tivesse ocorrido, teria desaparecido como meio viável de mudança, deixando o campo aberto para mais uma fácil aceitação, no país e fora dele, de uma solução reformista.

A guerra de guerrilha implicava, quase por definição, em uma situação de grande desigualdade de recursos materiais e militares entre os antagonistas. Na verdade, esse tipo de luta se destinava a enfrentar uma situação em que o inimigo era infinitamente superior em qualquer aspecto clássico da luta. Por outro lado, isso não significava que o inimigo não pudesse ser atormentado, enfraquecido e, finalmente, destruído. Em particular, a grande extensão da África do Sul dificultou que o regime racista mantivesse todo o país sob vigilância, o que levou setores do aparato repressivo e grupos brancos de extrema direita a disseminar a violência, para assustar os negros e conter o CNA e o Partido Comunista. Várias lideranças foram assassinadas por eles dentro e fora do país, como forma de desestabilizar e desarticular o movimento. Contudo, o movimento de libertação na África do Sul tinha consciência de que ele não seria duradouro apoiado apenas em seu braço armado. A mobilização política maciça do povo, nas áreas urbanas e rurais, seria um elemento vital. Quando isso começou a ocorrer, o regime propôs negociar. Nesse sentido, parece um grande erro acreditar que a transição democrática na África do Sul tenha sido apenas resultado de negociações entre líderes.

4. A "nova" África do Sul: o CNA e o poder pactuado (1994-2011)

De Mandela a Mbeki: a "Nação Arco-Íris" e a democracia sul-africana

O final da Guerra Fria gerou mudanças substanciais, que incidiram sobre a capacidade de desenvolvimento de muitos Estados a partir da reorganização econômica mundial, conduzida pela lógica da globalização. Entretanto, alguns processos políticos altamente positivos foram gestados, a exemplo da desativação do regime do apartheid na África do Sul. O fim da bipolaridade, assim, foi o ponto culminante da crise do apartheid, abrindo espaço para uma transição negociada, embora extremamente difícil, rumo à democracia. Em fevereiro de 1990, depois de 27 anos de prisão, Nelson Mandela foi libertado e assumiu a presidência do CNA no lugar de Oliver Tambo. No ano seguinte, foram iniciadas as negociações com o Partido Nacional, no poder sul-africano desde 1948. Na primeira rodada de negociações o foco esteve na volta de exilados políticos para o país e na libertação de prisioneiros políticos.

Em setembro de 1991 ocorreu a Convenção Nacional da Paz, que permitiu a criação de um acordo nacional com vistas a inibir a violência política no país. Apesar de esse acordo não ter sido muito eficiente, abriu caminho para novas negociações no âmbito da CODESA. No ano seguinte ocorreu a CODESA II. A convenção aconteceu em Johanesburgo e contou com a presença de dezenove grupos políticos. As expectativas de um compromisso logo foram frustradas, pois pouco se decidiu, fundamentalmente pela oposição sistemática do Partido Conservador.

A continuidade das discussões e o lento processo de entendimento acabaram por produzir uma certa pressão externa para que se chegasse a um acordo. Após meio ano de pouca evolução, em novembro de 1992, o presidente De Klerk propôs prazos para determinadas mudanças. Entre eles, a previsão de eleições gerais em março e abril de 1994. Em junho de 1993, o conselho de negociação concordou com a realização de eleições nas quais os negros teriam direito ao voto. Dessa forma, houve a instituição de uma Constituição interina, um ato eleitoral e a eliminação total das leis do apartheid. Cada gesto de pacificação afastava a possibilidade revolucionária. Nesse novo contexto, talvez, o fracasso da revolução fosse inevitável, mas certamente não houve um vencedor.

As eleições de 1994 foram um marco – pela primeira vez, negros e indianos teriam direito ao voto, o que, evidentemente, aumentou consideravelmente o número de eleitores. Todavia, a nova experiência não se desenvolveu sem problemas. Os eleitores e, principalmente, a população da área rural tiveram de passar por um processo educativo para entender o funcionamento das urnas e poder acreditar que não haveria mais a intervenção dos empregadores, que antes manipulavam as eleições em determinadas regiões. Quase 20 milhões de votos foram computados, dando a vitória ao CNA de Nelson Mandela. Concluído o processo eleitoral, formou-se o GNU, com a tarefa de conduzir o processo de reorganização do país, ao qual se aliaram representantes de diversos partidos.

Entretanto, diante da nova correlação de forças, os esforços para superar as dificuldades não aconteceram sem a desconfiança mútua entre o Partido Nacional e o CNA. De qualquer forma, a transição para a democracia deveria se mostrar capaz de pacificar o país. Nesse sentido, as estruturas militar e de inteligência do CNA e do governo tiveram de ser integradas com a maior rapidez e funcionalidade possível. Não só a MK, braço armado do CNA, como também o APLA, aliado do Congresso Pan-Africanista, tiveram de ser integrados às forças de defesa do país – SADF –, que já tinham um contingente próprio.

De maneira mais ampla, a situação dos negros, vinculada ao desemprego, à precariedade de habitação, à falta de acesso a terra, à educação, à saúde e às condições de desenvolvimento social, deveria ser redimensionada. Por intermédio do RDP consolidou-se tal perspectiva. As principais políticas do programa concentravam-se nas necessidades do povo em torno de trabalho, habitação, saneamento básico, acesso à água, entre outras. O programa propunha-se, também, a desenvolver recursos humanos, reconstruir a economia (de forma a propiciar o crescimento, o desenvolvimento, a redistribuição e a reconciliação), democratizar o Estado e a sociedade sul-africana, além de implementar programas de interesse comum.

Apesar de as metas ambiciosas desse programa não terem alcançado o sucesso pretendido, chamaram atenção para a possibilidade de investimentos no país. Em 1996, uma nova estratégia foi introduzida pelo governo sul-africano, o GEAR, com a proposta de crescimento econômico de 6% ao ano, criação de mais de 1,3 milhão de novos empregos fora da agricultura, crescimento de 11% em média na exportação de manufaturados e de 12% na taxa de investimento real. A introdução do GEAR foi cheia de controvérsias e, em 1997, uma conferência do CNA estabeleceu as diretrizes da nova política.

Quando o CNA subiu ao poder, herdou um Estado falido, ao mesmo tempo que teve de lidar com a expectativa dos grevistas e dos desempregados. Para atingir seus objetivos, o CNA teve de fazer várias concessões às estratégias do GEAR, que não teve tanto apoio da Left Alliance [Aliança de Esquerda] – composta pelo Partido Comunista e pelo Cosatu – bem como da sociedade de maneira geral e dos ativistas intelectuais. O GEAR gravitava, na verdade, sobre o sistema de mercado, o que desagradou aos setores de esquerda concentrados na aliança. Mandela e depois Mbeki impeliram seus aliados a apoiá-los, lembrando-os de que eram parceiros pequenos. As relações ficaram tão estremecidas que Mbeki chegou a acusar o Partido Comunista de "falsos revolucionários", que lhe faziam lembrar os "brancos de direita". Mandela também manteve a posição de que o GEAR era fundamental para a política do CNA e que não mudaria de opinião por causa da aliança.

Houve, naquele momento, enorme dificuldade para alterar a estrutura socioeconômica, com suas formas particulares de marginalização, em função dos interesses nacionais e internacionais a ela vinculados. A mudança nas práticas de emprego, por exemplo, chocou-se com a resistência da comunidade de negócios. De qualquer forma, em 1998 foi instituído um ato de igualdade e empregabilidade cujo objetivo era garantir condições iguais de contratação para grupos historicamente discriminados. Esse ato proibia discriminações injustas, bem como definia os critérios de recrutamento e processos de seleção, além de salários, treinamento, metas de desempenho, promoções e questões disciplinares.

As propostas para amenizar as consequências do apartheid se desenvolveram de diversas formas. Em um primeiro momento, a TRC, formada com a intenção de abranger todos os campos de investigação e atuação relacionados ao período de vigência do apartheid, foi dividida em três comitês – Comitê de Violação dos Direitos Humanos, responsável por investigar os abusos aos direitos humanos que ocorreram entre 1960 e 1994; Comitê de Anistia, que considerava as candidaturas à anistia daqueles indivíduos que estivessem de acordo com as exigências do Ato de Anistia;[1] e Comitê de Reparação e Reabilitação, encarregado de "restaurar" a dignidade das vítimas e formular propostas de assistência para a reabilitação. A comissão realizou um difícil trabalho, e seu relatório trouxe à tona muitas controvérsias antes mesmo de ser publicado oficialmente. O resultado dos trabalhos mostrou ao povo sul-africano o que o apartheid produziu sobre sua nação. Mandela, sem dúvida, ajudou no processo de criação de uma atmosfera de dignidade e conciliação (mesmo desprezando seus antigos aliados), apesar dos diferentes níveis de concordância sobre o sucesso e a efetividade da proposta da comissão.

---

[1] O Ato de Anistia foi adicionado à Constituição interina, o que facilitou as negociações, mas não trouxe à pauta o tópico "justiça".

Contudo, cabe ressaltar que o CNA ganhou as eleições de 1994 em uma vitória esmagadora, que colocou Nelson Mandela na presidência do país, iniciando um novo período na história sul-africana, com uma nova Constituição sendo aprovada em 1996. Mandela permaneceu no poder até as eleições de 1999, quando Thabo Mbeki assumiu a presidência. De forma geral, o governo de Nelson Mandela inaugurou a democracia no país. O direito de ir e vir, do qual os negros passaram a dispor, levou milhares de pobres a abandonar as reservas e se fixarem na periferia das cidades em busca de emprego e acesso a serviços públicos. Somente então a situação social sul-africana emergiu à luz do dia.

No entanto, para que a justiça de fato fosse restaurada e para que se pudesse atingir uma reconciliação duradoura, o compromisso firmado no âmbito da Comissão da Verdade e Reconciliação deveria ser perseguido até o final. Na ocasião, muitos fatos deixaram de ser investigados, seja pela curta duração dos trabalhos da comissão, seja pela sua incapacidade (ou falta de vontade) de investigar as injustiças sociais herdadas da política branca de dominação. Portanto, não houve a identificação do setor corporativo como um dos principais atores e beneficiários do sistema de exploração. Cabe ressaltar que havia uma proposta, defendida antes e depois da criação da Comissão de Verdade e Reconciliação, de complementação dos trabalhos a partir da implementação da JRC, que deveria ter uma duração maior e mandato aberto. Considerava-se essencial, naquele momento, criar um mecanismo para educar os brancos sobre como seu domínio havia empobrecido os negros.

O Congresso Nacional Africano garantiu quase dois terços dos votos em 1999. O sistema eleitoral definia-se por listas de representação proporcional com sufrágio universal. O presidente passou a ser eleito pela Assembleia Nacional, podendo servir até dois mandatos de cinco anos. Um dado fundamental é que a Constituição somente pode ser modificada por mais de dois terços dos deputados. Mbeki foi escolhido para cumprir dois mandatos presidenciais, o segundo deles após o pleito nacional de 2004.

Seu governo foi marcado por inovações econômicas importantes, mas também por medidas controversas e suscetíveis a inúmeras críticas por parte da comunidade internacional, e mesmo organismos internos. Com a ascensão de Mbeki, a ideia de que o CNA possuía hegemonia ideológica sobre a definição da agenda de desenvolvimento do país se cristalizou, enquanto a Aliança de Esquerda, inequivocamente, expressava sua desaprovação ao GEAR, como uma proposta neoliberal.

Durante seu comando, foi oficialmente lançado o maior plano de reestruturação econômica para permitir maior participação da maioria negra na economia, ao mesmo tempo que o governo sul-africano ampliava seu relacionamento com o FMI e o Banco Mundial. Por outro lado, os críticos ocidentais argumentavam que ele não exercia a "natural" liderança regional da África do Sul para combater as práticas de Robert Mugabe – antigo aliado do CNA – no país vizinho, o Zimbábue. Outra crítica a ele direcionada dizia respeito à pandemia causada pelo vírus HIV no país, que, estima-se, tenha em torno de 5,5 milhões de pessoas infectadas pelo vírus. Mbeki declarava publicamente que o HIV não levava necessariamente à aids e deixou a população sem acesso a medicamentos antirretrovirais até 2004, quando foi praticamente obrigado a acatar o tratamento por pressões internas e externas. Apesar dos avanços sociais na área habitacional, de saúde e educação, a população negra ainda sofria com o desemprego e criticava a manutenção de políticas neoliberais, demonstrando o real poder da confederação empresarial.

Assim, os primeiros anos de governo do CNA foram caracterizados por tensões internas, com grupos que não concordavam com as diretrizes liberais seguidas por Mbeki na condução da economia. A partir daí, começaram a surgir divergências entre o presidente e o vice-presidente, Jacob Zuma, que possuía o apoio dos aliados de esquerda do CNA. Após acusações de corrupção por envolvimento num acordo de armas, Zuma foi demitido por Mbeki em 2005 e enfrentou um processo judicial. A partir disso, cresceu ainda mais a oposição à liderança de Mbeki. Não tardaram a surgir declarações de que o processo teria sido motivado por aliados de Mbeki e pela mídia, o que o levou a ser arquivado. Na verdade, os aliados de esquerda encontraram em Zuma uma alternativa para a recuperação de uma agenda de desenvolvimento, única possibilidade para uma performance democrática. Zuma também recebeu apoio da Liga Jovem do CNA, da Liga das Mulheres do CNA e da Liga Jovem Comunista. Em 2006, Zuma recuperou os planos de se tornar o próximo presidente da África do Sul. A tensão entre Zuma e Mbeki cresceu até 2007, quando Mbeki foi derrotado na eleição para novo líder do CNA por Jacob Zuma. Já em setembro de 2008, Mbeki renunciou ao cargo de presidente do país por pressões partidárias, o que levou onze ministros a seguirem-no. Isso provocou diversas tensões no mercado financeiro pela saída do ministro das Finanças, Trevor Manuel, que participou da fundação de um partido dissidente. Mbeki já estaria centralizando excessivamente o poder, ignorando as alianças partidárias do CNA, principalmente a dos grupos de esquerda.

Thabo Mbeki foi identificado como grande responsável pelo crescimento econômico na África do Sul, em números que ficaram em torno 4,5%. Boa parte desse crescimento foi atribuída ao programa de reconstrução econômica, que, além de propiciar o fortalecimento econômico direto, também proporcionou os meios para a legitimação do governo, além da concretização de seus interesses. Segundo alguns analistas ocidentais, esse seria o maior programa de "ação afirmativa" já executado no mundo, pois buscou, no médio e no longo prazos, o fortalecimento da "maioria" pela formação de uma classe capitalista e de uma classe média (embora a maioria dos negros ainda não tivesse acesso aos recursos essenciais). A premissa básica da estratégia era a de estabelecer um número crescente de empresas e outros negócios comandados por negros. Isso pode ser explicado dentro do contexto de um país em que a minoria branca ainda é detentora do poder econômico, pois controla cerca de 80% da economia, ficando evidente a disparidade entre as diversas etnias que vivem ali. Em outras palavras, a estrutura socioeconômica do apartheid se mantinha.

De forma geral, pode-se dizer que Mbeki impulsionou a recuperação econômica do país, criando mecanismos que, aparentemente, atenderam parte da população negra, mas, principalmente, respondeu às demandas da comunidade de negócios interna e externa. Um dado interessante, por exemplo, indicava que 91% da população passou a ter acesso à água potável. Aliás, enumerar as contribuições quantitativamente é atitude característica de governos neoliberais. A questão é que boa parte dos serviços foi privatizada, e o acesso aos mesmos dependia apenas das condições dos cidadãos de pagarem por eles. Todavia, foi durante o seu governo que a África do Sul atingiu reconhecimento internacional como liderança regional.

Com a saída de Mbeki, o governo foi provisoriamente assumido por Kgalema Motlanthe – um político aceito tanto pela oposição quanto pelo CNA – até as eleições subsequentes, que ocorreram em abril de 2009. Durante a transição, diversas tensões internacionais emergiram, tendo em seu bojo a preocupação com o futuro do país, ao que o CNA respondeu argumentando que seriam mantidas as mesmas diretrizes. A estabilidade retornou quando o ministro Manuel se dispôs a voltar ao cargo sob o comando do novo governo.

Com relação à curta administração de Motlanthe, cabe ressaltar que esta não se restringiu a seguir as diretrizes do governo anterior ou ocupar o espaço vazio até a ascensão de Zuma. Motlanthe assumiu algumas posições assertivas, como, por exemplo, a desarticulação dos Scorpions, uma unidade de investigação de elite, a qual havia criado o "caso Zuma", explorado por Mbeki (Kondlo; Maserumule, 2010). Seu governo foi fundamental para manter a relativa estabilidade institucional, renovando contratos de cargos importantes em meio a demissões de alguns ministros que apoiavam Mbeki.

Como era de se esperar, o CNA saiu vitorioso do pleito de 2009, e iniciou seu quarto mandato no domínio político da África do Sul. No dia 6 de maio, Jacob Zuma foi eleito presidente.

As expectativas para o seu governo incluíram um possível aumento da participação da esquerda, particularmente dos aliados do CNA, pelos esforços de conciliação que haviam sido promovidos pelo presidente. No entanto, não havia grande espaço para mudança. Além disso, os ministérios precisaram ser recompostos após a saída dos aliados de Mbeki. O CNA também insistiu em afirmar que os rumos da economia não seriam modificados. O manifesto do partido apresentou fortemente a intenção de diminuir a pobreza no país, além de aumentar a provisão de benefícios públicos, apesar de não ter ficado claro como isso seria feito. Um fator de extrema importância na eleição de Zuma, principalmente se for levado em conta o histórico de segregacionismo na África do Sul, é o fato de ele ser um zulu, quando anteriormente os líderes eram xhosas (Mandela e Mbeki).

De Mbeki a Zuma: tensões e contradições do pacto

Naquele momento, a instabilidade política gerou, tanto internamente como no âmbito internacional, enorme expectativa em relação aos rumos da democracia, e também quanto aos encaminhamentos da política econômica inaugurada por Mbeki. No entanto, cabe avaliar as razões dessa crise. A saída de Mbeki do poder partiu de uma rebelião dos delegados do CNA contra o então presidente. Dois fatores podem ser apontados como motivadores dessa ação. Primeiro, a centralização de poder conduzida por Mbeki acabou por agravar as tensões dentro do partido. Em segundo lugar, a transição com Mbeki beneficiou, desproporcionalmente, as classes mais altas em detrimento das camadas mais pobres, o que muitas lideranças do CNA rejeitaram.

Foram muitas as desigualdades que marcaram os primeiros anos da transição, que acabaram por forjar uma elite pouco politizada. Objetivamente, o governo Mbeki herdou um Estado falido e foi confrontado com um conjunto de expectativas ambiciosas dos grupos de poder que dominavam a África do Sul. Além disso, o presidente teve de enfrentar uma greve de investimentos da comunidade de negócios, que o levou a fazer uma série de concessões econômicas. Tão logo foram decididas as concessões econômicas, outro dilema emergiu: como ter esse programa aprovado pelos próprios companheiros de partido. Para alguns observadores, Mbeki passou por cima de estruturas democráticas que ele mesmo havia inaugurado. Logo o Cosatu e o SACP, além de outros grupos que discordavam de Mbeki nas tomadas de decisões do partido e do Estado, foram marginalizados.

Outro aspecto importante para caracterizar a crise do governo Mbeki reside, justamente, em sua base de apoio. Diferentemente da base de apoio do CNA, os apoiadores de Mbeki constituíam-se na *intelligentsia* e nas classes média e alta urbanas, tanto negras quanto brancas. Nesse conjunto definiam-se, principalmente os negros, como uma significativa proporção de ativistas e lideranças de base do CNA, que acabaram por abandonar o presidente. Esse grupo desamparou Mbeki não somente no âmbito do CNA, mas também, mais amplamente, na sociedade.

A insatisfação se generalizava nos anos finais do governo Mbeki. A imagem cosmopolita, que representava a modernidade africana, seguindo uma agenda liberal com retórica socialmente progressista, se chocou com uma percepção social mais ampla de que a democracia sul-africana tinha pouco cuidado com a maioria dos pobres. Gradativamente, percebia-se que o governo Mbeki não simpatizava com o cidadão comum.[2] Exemplos disso foram as crises nos serviços públicos. Houve uma série de escândalos em torno da qualidade dos serviços públicos de saúde, ocasião em que Mbeki reprimiu a todos que o desafiaram sobre a questão. Em relação à criminalidade, quando foi confrontado sobre o problema nos meios de comunicação, seus argumentos

---

[2] Mesmo preso na Ilha de Robben, o pai de Mbeki foi rival político de Mandela no CNA. Mbeki, na época, havia sido enviado para fora da África do Sul com o objetivo de se preparar para se tornar um líder. Enquanto isso, Zuma, oriundo de uma família pobre, esteve à frente da luta armada (Concerned African Scholars, 2010).

giravam em torno da ideia de superação da questão, diminuindo a seriedade da crise relacionada ao crime e à violência. O governo, ao invés de encarar o desafio e se solidarizar com as vítimas dos precários serviços de saúde, ou com as vítimas da violência, as acusou de serem agentes ativos na sequência de uma agenda de dogmatismo racial. Havia, nesse sentido, uma negação da realidade social, e o comportamento de Mbeki assinalou a imagem de um líder incapaz de empatia e sem tato para lidar com a população.

Outra percepção crescente por parte da sociedade sul-africana era a de que as instituições estatais estavam sendo manipuladas para ganhos políticos pessoais. E ainda houve a percepção difundida de que o comportamento de Mbeki primava pela autodefesa, enquanto lidava severamente com seus oponentes, o que estava fora de questão, de acordo com as regras democráticas. A dramática evidência desse fato ocorreu quando Mbeki demitiu Jacob Zuma (seu vice na liderança do partido). O presidente saiu em defesa de um ministro da Saúde incompetente, enquanto demitia um ministro popular, que lutava pelos interesses das vítimas do HIV/aids e das classes mais baixas da sociedade. Esses incidentes deram crédito ao Cosatu e ao SACP, como também a muitos dentro do CNA, que passaram a culpar o presidente, acusando-o de ser inconsistente na aplicação das regras. Mbeki passou a ser visto como um político vingativo, sendo gradativamente repudiado pelas camadas sociais mais baixas. Em verdade, a ligação de Mbeki com as classes média e alta da sociedade sul-africana transformou-se no sucesso de Zuma, que ascendeu ao cargo de presidente com expressiva votação.

O que se pode esperar do governo Zuma? No *front* político e econômico, são poucas as possibilidades de mudança (a política econômica já estava se alterando na fase final do governo Mbeki). Entretanto, a privatização já não é mais uma prioridade nacional, como nos anos 1990. Tem havido um significativo aumento do financiamento social desde 2001, de modo que 12 milhões de pessoas – um quarto da população – recebem essa ajuda. O orçamento para a saúde e para a educação também aumentou. Em relação à infraestrutura, a África do Sul tem o maior programa de investimentos levado a cabo pelo Estado (400 bilhões de rands). Esse valor será suplantado por outro investimento público – em torno de 1,3 trilhão de rands – no setor de energia nas próximas duas décadas. Zuma, na verdade, emergiu como uma alternativa após quinze anos de desapontamento. Na vitória de Zuma estava embutida a esperança dos pobres de terem suas necessidades atendidas, ou seja, a implementação de políticas pró-massa implícitas na lógica de um Estado desenvolvimentista. Mas, fundamentalmente, a expectativa gira em torno de um governo que se mova mais rapidamente, de maneira coerente e efetiva, na direção da superação dos problemas legados pelo apartheid.

A retórica oficial fala em desenvolvimento, e não mais em mercado, tal como foi explorado no período Mbeki. A disputa entre o Departamento de Comércio e Indústria e o Tesouro foi resolvida em favor do primeiro. Políticas em torno do emprego – que implicam em estratégias de industrialização capazes de absorver grandes quantidades de trabalho semiespecializado ou não especializado – começaram a ser implementadas. No entanto, essa situação de desvantagem é típica das novas democracias. Atesta a dificuldade ou incapacidade institucional e organizacional de estabelecer e aplicar políticas que possam romper com a estrutura socioeconômica herdada dos períodos anteriores. Há que se considerar, também, o "submundo da democracia", no qual a corrupção (praticada por brancos e negros) obstrui a resolução dos problemas cruciais para o desenvolvimento. Mas vale lembrar que a corrupção não foi inventada pelos novos governos africanos. Assim como a democracia, essa também é uma herança dos padrões políticos ocidentais legados aos Estados africanos. Talvez a principal pergunta a ser feita seja: quais são os principais problemas enfrentados pelas democracias no mundo? A resposta seria de grande valor para a jovem democracia sul-africana. Também cabe perguntar: quais os desafios enfrentados pelas democracias na África e, especialmente, na África do Sul? As questões levantadas acima são em parte filosóficas, em parte sócio-históricas e em parte políticas, mas ajudariam na reflexão lançada pelo SACP ao CNA, sobre o melhor caminho a ser seguido: a opção revolucionária ou a opção reformista?

Zuma, desde seu manifesto eleitoral em 2009, foi claro no objetivo de consolidar uma África do Sul desenvolvimentista. Todavia, concretizar esse propósito significaria solidificar as políticas já existentes (vale lembrar, as de Mbeki, de apelo neoliberal) e, ao mesmo tempo, responder à proposta de um Estado distributivo, de apelo socialista, defendida pelos aliados de esquerda e aguardada pela maioria da sociedade. Em outras palavras, a não resolução desse impasse pode engendrar uma nova onda de fúria social, como já demonstrado nas greves e manifestações de todo tipo ocorridas imediatamente após a posse de Zuma. Contudo, há alguns indicativos de que passos já foram dados, a partir da reorientação de alguns ministérios, conforme tabela abaixo:

Denominação anterior	*Nova denominação*
Departamento de Agricultura	Departamento de Agricultura, Florestas e Pesca
Departamento de Assuntos Agrários	Departamento de Desenvolvimento Rural e Reforma Agrária
Departamento de Governo Provincial e Local	Departamento de Governança Cooperativa e Assuntos Tradicionais
Departamento de Habitação	Departamento de Assentamentos Humanos
Departamento de Água e Florestas	Departamento de Água e Meio Ambiente
Departamento de Assuntos Estrangeiros	Departamento de Relações Internacionais e Cooperação

Fonte: KONDLO, K.; MASERUMULE, M. (Eds.). *The Zuma Administration. Critical Challenges*. Cape Town: HRSC Press, 2010. [Tabela organizada pela autora]

Em 1999, quando o governo de Mbeki debatia as políticas de seu novo mandato, Zuma, o vice-presidente, insistia na necessidade de encaminhar a reforma agrária. Insistentemente, Zuma defendia que a sociedade rural necessitava de maior atenção com vistas à diminuição da pobreza. Apesar de algumas iniciativas do governo Mbeki nessa direção, logo o foco foi modificado para atender as áreas urbanas, pois, de acordo com o presidente, era onde se concentravam mais pessoas. Outro exemplo importante do redirecionamento político de Zuma se refere à questão da habitação. O antigo Departamento de Habitação, agora Departamento de Assentamentos Humanos, passou a se preocupar com a qualidade dos serviços prestados e a ter maior cuidado com os aspectos intangíveis.

Como resultado das eleições de 2009, a reforma agrária e o desenvolvimento, marginalizados durante quinze anos de democracia, voltaram ao centro dos processos sociais e econômicos em transformação. Essa mudança está relacionada com o aumento da desigualdade e da pobreza. Apesar de não ser reconhecida abertamente, há uma preocupação com a insustentabilidade do sistema de concessões aos brancos e à "elite negra" por um lado, e de mero assistencialismo aos mais pobres, por outro. Evidentemente, a simples mudança das instituições não resolverá os problemas mais profundos, mas demonstra o entendimento do governo de que deverá oferecer mais do que a antiga administração Mbeki. Indica também as intenções do novo governo sobre o que deve ser feito. A questão está no espaço de manobra para promover as modificações. Cada vez mais se impõe a necessidade de efetiva transformação do modelo socioeconômico.

Outro aspecto relevante do governo Zuma pode ser observado no comportamento internacional do país. A transformação do Departamento de Assuntos Estrangeiros em Departamento de Relações Internacionais e Cooperação alterou substancialmente a ênfase do país nas questões internacionais. A aproximação com os interesses ocidentais, seja no âmbito das organizações multilaterais regionais e internacionais, seja em torno dos temas da agenda internacional, foi reduzida. A África do Sul tem buscado defender os interesses africanos, mas também tem se posicionado criticamente em relação à agressividade das velhas potências ocidentais, a exemplo da intervenção na Líbia patrocinada pela Otan. Sem rejeitar o amplo leque de relacionamentos externos que a África do Sul democrática redefiniu, há uma clara disposição do governo sul-africano em fomentar a cooperação Sul-Sul. Por outro lado, o governo enfrentou, recentemente, uma séria crise em relação às suas fronteiras, quando milhares de refugiados, principalmente zimbabuanos e moçambicanos, entraram no país, provocando uma reação de fúria da população sul-africana.

As incertezas quanto ao futuro dos sul-africanos certamente permanecerão. No entanto, será necessário manter em mente, como objetivos permanentes, o desenvolvimento econômico, a prestação de serviços e o alívio da pobreza. Comportamentos que destroem a legitimidade e a capacidade das instituições de Estado devem ser inibidos para não comprometer os objetivos em longo prazo. Certamente o novo sistema político não considerou os princípios tão duramente defendidos pelos revolucionários, tampouco respondeu à maioria subjugada sobre as possibilidades futuras. É importante ressaltar que, para qualquer mudança na Constituição, são necessários dois terços de aprovação do Parlamento, bem como a ruptura do pacto. Os brancos evitam que o CNA obtenha a maioria, gerando um impasse que desgasta o partido, enquanto muitos negros aderem ao modo de vida dos brancos. Contudo, dezessete anos após a transição na África do Sul, o aprimoramento das instituições democráticas depende da aniquilação efetiva dos resquícios da longa história de desigualdade que caracteriza a experiência da sociedade sul-africana.

Relações exteriores:
o retorno à África e o ingresso na política mundial

O movimento que levou a África do Sul a transitar do regime do apartheid para um governo de maioria em uma sociedade multirracial incidiu, também, na política exterior ao longo desse período. Nessa medida, ela se apresentava de forma ambígua, oscilando entre a cooperação e o conflito, refletindo o processo negociado de mudança interna, conduzido pelo governo do Partido Nacional e pelo CNA. Diante do peso da pressão internacional para a mudança do regime, um e outro lado se esforçaram em obter o máximo de apoio externo para reforçar sua posição nas negociações. Portanto, somente ao final do processo seria possível identificar com maior clareza os rumos que a política externa da África do Sul seguiria, coerente com a nova situação interna e com o ambiente internacional.

As características mais marcantes no processo de transição foram a busca pela reintegração do país na política mundial e a normalização das relações internacionais. Durante a vigência do apartheid a principal preocupação do governo racista foi criar um ambiente regional estável que favorecesse os interesses econômicos e de segurança do país. Diante das necessidades internas do regime, qualquer mudança nesse espaço era percebida como uma ameaça. Dessa lógica, consolidaram-se ações no sentido de ampliar o espaço regional de controle sul-africano, e, a partir de diferentes políticas, o governo buscou desenvolver sua capacidade de se projetar hegemonicamente. Em nível internacional, a África do Sul forjou uma aliança, ainda que não formal, com o Ocidente, embora a sua atuação externa tenha sido quase sempre reativa.

Observando o sistema do apartheid retrospectivamente, é possível considerar que sua sobrevivência esteve vinculada, principalmente nos últimos anos, à ambiguidade do Ocidente e suas motivações geopolíticas durante o período de Guerra Fria. Para os sul-africanos, a Guerra Fria ajudava o governo a promover a retórica anticomunista, o que os tornava mais "toleráveis" pelas potências capitalistas. Regionalmente, o sistema tendeu a bloquear o processo de desenvolvimento dos países vizinhos, atrasando a independência do Zimbábue e da Namíbia, conduzidas pela ONU. O sistema, a partir de diferentes subterfúgios, empurrou os movimentos de libertação para fora de suas fronteiras e, em consequência, intensificou as divisões internas nos países da região. Assim, terminado o período de militarização da política, as instituições civis estavam amplamente estimuladas a elaborar um novo discurso que pudesse indicar os novos caminhos a serem seguidos, levando em conta as transformações no ambiente doméstico e internacional.

Ainda em 1988, as diretrizes básicas da chamada "Nova Diplomacia", que caracterizaria a política externa sul-africana no período de transição, já eram difundidas pelo governo, em demonstração da nova postura assumida. Segundo o diretor-geral do Departamento de Negócios Estrangeiros, Neil van Heerden, a África do Sul reconhecera que é parte da África e que

> [...] os problemas africanos devem ser resolvidos pelos africanos. Os interesses comuns e a responsabilidade com relação ao bem-estar econômico, sociológico e ambiental da África Austral devem ser as bases da cooperação e da boa vizinhança. A África do Sul é economicamente poderosa e detém a infraestrutura e as capacidades para ser a base do desenvolvimento regional. (Mendonça, 2000, p. 42)

Van Heerden foi o formulador dos princípios-chave da Nova Diplomacia. Esses princípios projetavam a África do Sul não mais como uma extensão da Europa no continente, mas a ideia de uma potência regional permanecia. Entretanto, o poder sul-africano deveria ser exercido com limites, pois o país dependia das relações amigáveis com seus vizinhos, e sua política regional deveria ser implementada por instrumentos não coercivos. Nesse sentido, a Nova Diplomacia não resultou em uma política regional transformada, representando mais uma mudança de estilo do que de substância. Assim, a noção de África do Sul como potência dominante permanecia inalterada, porém a definição dessa hegemonia seria redirecionada de "geopolítica" para "geoeconômica". Dessa forma, a principal mudança na política regional, a partir dessa diplomacia neorrealista, baseou-se no princípio de uma expansão econômica da África do Sul. Todavia, parece fundamental considerar a complexidade das relações entre os sul-africanos e seus vizinhos, e a expectativa com o fim da política de desestabilização que caracterizou os anos 1980.

Como dissemos anteriormente, a transição para a democracia foi marcada pela desconfiança, tanto do lado do Partido Nacional como do CNA. Essa desconfiança atingia especialmente o CNA, devido à preocupação envolvendo a real vontade e até mesmo a capacidade dos militares em proteger um possível governo democrático, visto que essa situação poderia desencadear novos conflitos étnicos e até mesmo uma guerra civil.[3] Em que pesem as desconfianças internas, é fundamental considerar as mudanças estruturais no sistema internacional, que viria a interferir decisivamente no cenário doméstico e regional sul-africano, bem como em sua postura em termos internacionais. No centro das transformações estavam o final da Guerra Fria e, como consequência, o colapso da base ideológica (anticomunismo) que servia como justificativa para as agressões internas e regionais sul-africanas.

A Nova Diplomacia ganhou força com o fim do banimento das organizações de oposição e com a libertação de Nelson Mandela e de outras lideranças em 1990. De Klerk iniciou uma ofensiva diplomática com o objetivo de promover o retorno da África do Sul à comunidade internacional e o fim das sanções econômicas. No cenário africano, a política externa de De Klerk conquistou uma série de sucessos diplomáticos por meio de tratados de cooperação e da intensificação de contatos econômicos. Ao mesmo tempo, o CNA, juntamente com a Organização da Unidade Africana (OUA) e os Estados da Linha de Frente, com base no prestígio político e moral de Mandela, buscava garantir que a normalização das relações exteriores da África do Sul

---

[3] Promoções, adiantamento de aposentadorias e outros incentivos foram dados, posteriormente, pelo governo do CNA devido a esses fatores. Além disso, o CNA abandonou sua bandeira inicial, de identificar e punir militares e membros da inteligência responsáveis pela repressão da era do apartheid (Butler, 2004).

acontecesse após a conclusão das negociações constitucionais, pois se tornava evidente uma perda relativa de controle sob esse importante pilar da política internacional antiapartheid.

O CNA considerava o risco de uma participação restrita no novo jogo político, e não deixou de fazer uma revisão nas linhas de sua política exterior. Por meio de uma série de documentos, o CNA reconheceu a mudança radical no ambiente internacional, o colapso de seu antigo aliado, a União Soviética, e o surgimento de uma ordem internacional que tendia à multipolaridade, ainda que dominada politicamente pelos Estados Unidos e baseada social e economicamente na hegemonia indisputada do sistema capitalista (Döpcke, 1998).

Com a ascensão de Mandela ao poder, muitas instituições foram transformadas ou substituídas. Ao mesmo tempo, muitos agentes do antigo Departament of Foreign Affairs [Departamento de Assuntos Estrangeiros] foram tratados com hostilidade e desconfiança, o que preocupou o Ministério da Defesa. No plano econômico, o Departamento de Comércio e Indústria e o Tesouro passaram a representar papéis secundários. Mais acentuadamente, a presidência tomou para si diversas áreas importantes nas relações internacionais, intervindo, algumas vezes, pesadamente na promoção de investimentos estrangeiros. Diante disso, os funcionários de relações internacionais do país desempenharam um papel menor na conduta das relações exteriores. Essa influência da presidência na política externa acabou sendo controversa. Enquanto o presidente oferecia liderança e se movia decisivamente para o terreno diplomático em uma série de iniciativas de paz na África Central, seu gabinete alienou diversos funcionários qualificados.

Em relação à cooperação da África do Sul com seus vizinhos da região da África Austral, mantiveram-se as linhas de continuidade e ruptura do processo durante a fase transicional do apartheid para a "Nova" África do Sul. O fim da confrontação com os vizinhos, que marcou o período de 1975 a 1990, propiciou uma arrancada em termos de cooperação, devido à complementaridade econômica, à existência de conexões de infraestrutura de energia e transportes, à retomada de vínculos que existiam na época colonial e às novas afinidades ideológicas entre o CNA e os governos dos demais países. A SADCC, fundada em 1980 pelos vizinhos para promover um desenvolvimento autônomo em face da economia sul-africana, se transformou em 1992 em SADC, que passou a contar com a Namíbia e, dois anos depois, com a própria África do Sul. Mas é forçoso reconhecer que a nova cooperação herdou as deformações assimétricas do passado, ainda que com expressivas correções de rumo e uma nova vontade política.

O processo de democratização que se implantou na região no início da década de 1990 e a resolução dos conflitos e das guerras civis significaram um impulso importante para uma arrancada no processo de integração. Mas as bases materiais de tal movimento antecedem esses acontecimentos. O primeiro fator é a infraestrutura herdada do colonialismo. Muitos dos Estados Nacionais atuais pertenceram a um mesmo Império colonial, o britânico, ou a ele associados, como o português. Enclaves mineradores, como os da África do Sul, da Namíbia, da Zâmbia, de Angola e de Katanga (na atual República Democrática do Congo), dinamizaram a economia regional desde os tempos coloniais e exigiram a construção de um sistema integrado de ferrovias e portos. Além disso, os polos agroexportadores da própria África do Sul, Botsuana, Zimbábue, Malauí e Angola também contribuíram para a interconexão das sub-regiões da África Austral e a acumulação de capital.

Ao mesmo tempo, surgiram centros urbanos, uma elite empresarial branca e uma classe de trabalhadores assalariados negros, no quadro de um fenômeno migratório de escala regional e até mesmo internacional, com a vinda de trabalhadores indianos para a província sul-africana de Natal (hoje KwaZulu-Natal). Finalmente, a crescente necessidade de energia fez com que as hidrelétricas do Rio Zambeze gerassem energia elétrica, que passou a ser distribuída para centros consumidores localizados em outros países, especialmente na região aurífera do rand sul-africano. O caráter mediterrâneo de muitos dos novos Estados e de seus enclaves mineradores ou agropecuários contribuíram para a integração de redes de transporte que possuem uma lógica regional ou supranacional, e não nacional. Num plano mais geral, as redes convergem para a África do Sul, o país mais desenvolvido da região.

Os conflitos vinculados ao processo de descolonização, bem como as sanções internacionais ao regime do apartheid, contribuíram para, por um lado, perturbar a integração regional, especialmente após a independência de Angola e Moçambique (1974-1975) e a ascensão de um regime de esquerda de maioria negra no Zimbábue (1980). Todavia, por outro lado, as necessidades econômicas geradas pelo isolamento internacional de Pretória levaram a um aprofundamento da integração regional. Com a constituição da União Sul-Africana em 1910 – que representou uma semi-independência dentro da Comunidade Britânica – foi articulada, no mesmo ano, a SACU, que estabelecia uma zona de livre-comércio com os protetorados africanos ingleses da Basutolândia (atual Lesoto), Suazilândia e Bechuanalândia (atual Botsuana). A ela foi incorporada de fato, após a Primeira Guerra Mundial, o ex-Sudoeste Africano Alemão (atual Namíbia).

Apesar de as tentativas do regime racista sul-africano, no pós-Segunda Guerra Mundial, de incorporar esses territórios ter sido recusada por Londres, eles foram integrados economicamente ao espaço da África do Sul. Com o avanço da descolonização, o regime de minoria branca da Rodésia e as colônias portuguesas também passaram a gravitar em torno do gigante sul-africano nos campos do comércio, investimentos, mão de obra, transportes e energia. Quando a descolonização avançou na África Equatorial, Pretória tentou articular uma "constelação de Estados" em torno da sua economia (também como uma barreira de segurança), com um sucesso temporário e limitado.

O fim do regime racista na África do Sul, a independência da Namíbia, o encerramento das guerras civis de Moçambique e de Angola, bem como a democratização de vários regimes negros neocoloniais da região, alteraram favoravelmente o cenário vigente. Finalmente, o espaço da África Austral voltava a se reintegrar, agora dinamizado por uma África do Sul dotada de uma nova lógica política, embora certa hegemonia econômica tenha permanecido, devido à situação objetiva da economia sul-africana e ao domínio continuado da elite branca sobre ela.

Um grande escândalo de política internacional aconteceu em 1999, com o Strategic Defence Procurement Package [Pacote de Contratos Estratégicos de Defesa].[4] Em 1995, o governo conduziu uma revisão na esfera da Defesa Nacional, com a proposta de determinar o papel e a estrutura militar do país. Aprovado pelo Parlamento em 1998, o governo anunciou que gastaria 20 bilhões de rands em oito anos (30 bilhões de rands em doze anos se houvesse necessidade). O pacote, que incluía indenizações industriais de diversos tipos, sofreu uma série de acusações por parte da oposição, entre elas, a de apresentar conflito de interesses e corrupção. Entretanto, o ano de 2002 foi promissor para a história diplomática do continente, com o lançamento de dois programas relacionados: a AU, sucessora da OUA, a qual acabou fracassando, e a NEPAD.

A AU propôs um sistema de cooperação entre os Estados, movendo-os para uma relação semioficial federativa (no modelo da União Europeia). O projeto tem grande apelo emocional, pois promete acabar com décadas de subjugação de sua economia pela estrangeira e que os países – por meio de seus esforços mútuos – conseguirão igualdade intelectual e cultural com o Ocidente. A AU é vista por muitos como uma forma de renascimento do continente e de superação diante da previsão de que as economias daquela região permaneceriam estagnadas. Outros, no entanto, creem que ela sirva apenas para manter o poder nas mãos de líderes corruptos e de estrangeiros.

A segunda maior iniciativa de 2002, a NEPAD, é descrita por seus seguidores como o projeto econômico da AU. A previsão é de integração total à AU quando estiver plenamente operacional. Essa organização requer uma posição comum dos

---

[4] Conhecido também como "*the arms deal*" ["o acordo de armas"].

Estados nas negociações internacionais, com uma estratégia conjunta que vise a ajuda financeira e redução de débitos, bem como atrair investimentos e relações coordenadas de suas economias com as demais. O maior problema está na questão política, que envolve a discussão em torno da democracia nos países. Todavia, ainda em 2002, as ambições da NEPAD foram golpeadas pelo G-8, que se recusou a fornecer qualquer ajuda para infraestrutura ou diminuição de débito àqueles países. Apenas possibilidades de futuras negociações foram oferecidas. Os críticos ocidentais da NEPAD apontam a fraqueza na voluntária revisão dos mecanismos de governança dos signatários. Eles pedem também que o sistema caótico das economias locais seja racionalizado antes de haver um requerimento de acesso às economias desenvolvidas. Há diversas reclamações entre os países do bloco sobre a "hegemonia" sul-africana na NEPAD. Assim, esse órgão tende a se integrar apenas em parte com a AU, devido aos seus diversos problemas.

A África do Sul, que ainda convive com a esperança do pós-apartheid de uma melhora na vida de sua população, está atualmente envolvida no coração de um projeto de reformulação da política do país e transformação da economia. Está também no centro da luta dos países do sul por uma ordem internacional de comércio mais justa. Contudo, é importante considerar que o sul da África é, há muito tempo, uma região em um sentido muito mais amplo que o meramente geográfico. Conforme analisaram Wallerstein e Vieira (1992), desde o século XIX, o sul da África foi um "constructo social". No período do governo colonial, forjou-se uma economia política regional específica, com estruturas, modelos de relacionamento e instituições claramente identificáveis. A África do Sul e a maioria dos demais Estados membros da SADC foram induzidos a seguir essa política, cada qual no seu próprio passo, e a participação na economia regional se tornou fundamental para as economias internas de vários desses países. Embora essas relações tenham sofrido inúmeras pressões nos anos 1980, a regionalidade fundamental do sul africano permaneceu intacta.

Ao compartilhar com outros Estados em desenvolvimento a percepção de que o mundo está passando por mudanças importantes e rápidas, que salientam a necessidade de transformações correspondentes na governança global, a África do Sul define a lógica de que a capacidade de interação internacional levará à obtenção de ganhos no ambiente doméstico. A defesa sul-africana da relevância da cooperação Sul-Sul pode ser observada, portanto, em sua participação em dois fóruns, entre outros, que expressam essa natureza: o IBAS e o BRICS. Em abril de 2011, foi formalizada a entrada da África do Sul no chamado BRIC, por ocasião da sua III Cúpula, que então adotou a sigla BRICS. Juntamente com o Brasil, a Rússia, a Índia e a China, o país agora compõe o grupo definido pelo impacto que suas economias passaram a ter sobre a economia global, segundo o estudo desenvolvido pelo economista-chefe do grupo financeiro Goldman Sachs, em 2001, intitulado Building Better Global Economic BRICs. As críticas ao ingresso da África do Sul no BRIC foram muitas, pois haveria outros países com desenvolvimento mais expressivo. O fato é que a organização aproveitou o reconhecimento internacional e articulou um grupo político, que necessariamente precisaria contar com um representante africano.

A posição ocupada pela África do Sul, por outro lado, oculta algumas realidades incômodas sobre suas estruturas socioeconômicas. Na verdade, algumas dessas realidades indicam que os problemas que o país enfrenta não são diferentes dos de outros países em desenvolvimento. Em muitos aspectos, a exemplo da pobreza, da criminalidade, das epidemias, entre outros, a capacidade de liderança pode ser posta em questão. A África do Sul possui condições para ser considerado um Estado com poder hegemônico em sua região, ao mesmo tempo que enfrenta limitações políticas, econômicas e sociais.

5. Os problemas legados pelo apartheid e a permanência de sua estrutura social

A questão do desemprego na África do Sul é um problema estrutural, que ocorre quando há incapacidade geral da economia de prover emprego para a mão de obra total (ou potencial), mesmo no auge do ciclo de negócios. O desemprego estrutural deve ser contrastado com o desemprego cíclico, ou seja, quando o problema flutua de acordo com os ciclos econômicos. No caso sul-africano, parte da população também esteve permanentemente vinculada a subempregos, envolvida em várias atividades informais ou com a agricultura de subsistência. De 1970 a 1995 o desemprego aumentou consideravelmente, sendo pior o desemprego feminino, estimado em 60% nesse período. Podemos considerar alguns fatores como responsáveis pelo problema. Ao longo do desenvolvimento capitalista na África do Sul, houve um lento crescimento da demanda por trabalho, com o surgimento de algumas categorias e o declínio de outras. A mudança de métodos e estrutura de produção, por um lado, e a diferenciação de escolaridade entre os grupos étnicos, por outro, contribuíram para a alocação de grupos específicos nas vagas de trabalho existentes. E, tornando ainda mais complexo o problema, houve um rápido crescimento da população africana, que colaborou para o desemprego e continuará a fazê-lo pelo menos nos próximos 25 anos. À época, enquanto os africanos aumentavam em número, a população branca diminuía consideravelmente, e os mestiços e asiáticos diminuíam marginalmente.

A economia sul-africana experimentou um declínio contínuo do crescimento econômico desde 1974. No período pós-Segunda Guerra Mundial, de 1947 a 1974, devido ao investimento, empreendimentos e tecnologia estrangeira, a economia sul-africana cresceu a taxas relativamente altas. Com a crise do petróleo de 1973, o país não só foi afetado pela recessão mundial, como experimentou uma fase de grande instabilidade política interna. O aparato de repressão auxiliou o desenvolvimento econômico até os anos 1970, quando o país passou por um processo de modernização. No entanto, ao mesmo tempo que o país se modernizava, a necessidade de mão de obra qualificada se ampliava. A resposta a essa nova demanda não poderia ser dada exclusivamente pela força de trabalho branca. Por outro lado, a utilização do trabalho migrante (barato) significava uma força de trabalho pouco produtiva, o que é compreensível. Com a baixa produtividade dos trabalhadores migrantes, tornou-se necessária a adoção de maquinários mais sofisticados, o que aumentou a taxa capital-trabalho e fez declinar, ainda mais, a oferta de emprego aos africanos.

As empresas e as corporações estatais, bem como o setor mineiro, que utilizavam uma pequena parcela de mão de obra qualificada, devido à produção de insumos e não de bens acabados, mudaram o método de produção com a utilização de capital intensivo. Ao longo da década de 1970 alguns africanos puderam assumir postos de trabalho destinados à mão de obra qualificada ou semiqualificada. No entanto, esse foi o período de intensificação do controle de fluxos dos trabalhadores migrantes. Logo, os industriais passaram a substituir o trabalho pelo capital. O resultado desse processo foi a quantidade expressiva de greves, levantes e a formação de sindicatos africanos que buscavam, além de melhores salários, uma oportunidade de trabalho.

É importante ressaltar ainda a estratégia frustrada do governo Botha para reorganizar a economia do país. A partir de 1985 houve uma séria fuga de capitais, que até 1992 representou 4,1% do Produto Interno Bruto. O investimento doméstico também diminuiu de 30% do PIB, em 1972, para 16%, em 1993 (Terreblanche, 2005). Essa redução está diretamente ligada às campanhas de sanções e desinvestimento, bem como à instabilidade política e social. Além disso, os levantes se intensificaram, criando uma situação interna pouco atraente aos investidores e aumentando ainda mais os gastos com a repressão. Há que se considerar também a manutenção dos privilégios da elite branca, que ajudou a danificar substancialmente a situação econômica de 1974 a 1994.

O declínio significativo da contribuição do setor primário produziu também uma alta taxa de desemprego de africanos sem qualificação, enquanto o terciário crescia e provia emprego principalmente aos brancos e asiáticos. Pode parecer contraditório que depois de 1970, com a diminuição de investimento estrangeiro, a economia tenha se utilizado do capital intensivo. Isso se explica pela preferência ao capital em detrimento do "trabalho intensivo". Alguns africanos mantiveram manufaturas informais clandestinas – que empregavam muitos trabalhadores –, mas quando descobertos tinham de abandonar suas atividades, pois era considerado ilegal um negro ter seu próprio negócio. Assim, subjugados nas guerras coloniais, depois privados de qualquer representação política e explorados economicamente, os negros foram inseridos em um elaborado sistema de proletarização.

As origens da pobreza na África do Sul são, portanto, óbvias e dificilmente poderão ser superadas em um curto período. É possível estabelecer a distinção entre os níveis de riqueza e pobreza pela questão racial, como também se compararmos as condições de vida nas áreas urbana e rural e, ainda, ao analisarmos o acesso à educação. O processo que se iniciou com a proletarização dos khoisan e de outros grupos étnicos sul-africanos no século XVIII se estendeu até 1990! Desde muito cedo os negros foram privados da terra e expostos a um sistema de trabalho repressivo. É importante lembrar que, na África do Sul, a terra não era conquistada apenas para o estabelecimento da atividade agrícola ou pecuária, mas também para obtenção de mão de obra negra.

Ao mesmo tempo, a prática discriminatória foi fundamental para proteger os brancos, o que se tornou difícil com a modernização da economia. As diversas leis discriminatórias evitavam, nesse sentido, que os negros recebessem o mesmo tratamento dos brancos, ainda que ocupassem postos similares. O salário dos negros representava um sexto do salário dos brancos na primeira metade do século XX. No período subsequente, essa diferença aumentou, exceto no setor manufatureiro, durante a Segunda Guerra Mundial. No final do século XX o salário de 20% dos negros aumentou. Os outros 80% estavam desempregados ou tiveram seus salários diminuídos.

A crise econômica dos anos 1970-1980 devastou a renda dos mais pobres. Em 1975, quase dois terços da população já estavam tão pobres que não tinham capacidade humana para ultrapassar os efeitos das secas de 1980 e o crescente desemprego, além dos efeitos de suas lutas de libertação. No entanto, os brancos mais pobres (majoritariamente africâneres) também sofreram com os reflexos da crise, quando foram cortados os subsídios. Nesse contexto, ou o governo mantinha os subsídios aos brancos ou investia no aparato de defesa contra os negros, sem, contudo, alterar o sistema de privilégios da elite branca.

A desigualdade social, entretanto, não pode ser descrita apenas como resultado da exploração econômica, embora essa seja a base do desequilíbrio histórico na África do Sul. Há também a desigualdade resultante das diferenças na distribuição de poder político, militar e ideológico. Os holandeses criaram, desde 1652, uma estrutura que lhes permitia dominar ao restringir às populações nativas o acesso aos recursos fundamentais para sua sobrevivência: terra, gado e água. Com o colonialismo britânico, a ordem "atrasada" dos africâneres, mas também das populações xhosa e zulu, foi destruída por guerras sangrentas. Com a descoberta do ouro e dos diamantes, entraram em cena as grandes corporações internacionais, que passaram a desempenhar papel dominante. Os acontecimentos de 1948, que levaram os africâneres novamente ao centro da arena política, representaram nada mais que uma nova fase do poder branco. Assim, os negros estiveram afastados do poder por quase 350 anos.

As oportunidades para os nativos eram poucas e sempre muito inferiores às dos brancos. Primeiro a falta de terras e depois a divisão dessas mesmas terras em todo o país, restando apenas o direito sobre 13% do vasto território, onde os negros tiveram de se organizar em comunidades (bantustões), sendo controlados pelos chefes tribais, geralmente cooptados pelo regime do apartheid. Os que viviam fora dos bantustões nada possuíam. E ainda, com a introdução da Educação Bantu, o governo passou a gastar menos da metade do que gastava com a educação dos brancos, sendo a população negra 4,5 vezes maior. Aliás, essa diferença se estendeu aos dias atuais, pois os investimentos em professores e escolas para os africanos ainda não são suficientes para a superação da enorme defasagem.

Outra questão crucial para entendermos os problemas legados pelo apartheid diz respeito à diferenciação de classe entre os negros. Uma característica da comunidade africana até meados dos anos 1960 foi a falta de diferenciação social, resultado de todas as medidas segregacionistas e repressivas do apartheid e também anteriores a ele. Essa realidade afastou os negros da maioria das atividades de acumulação. No entanto, a partir da década de 1960, os líderes dos bantustões puderam alcançar uma posição privilegiada ao serem cooptados e corrompidos pelos órgãos administrativos do governo. No mesmo período, à parte desse grupo, também se formou uma elite urbana.

Ao contrário dos mestiços e dos asiáticos, que nunca foram completamente privados das atividades de acumulação, essa elite negra surgiu a partir de um "empreendedorismo secreto", incluindo o crime organizado e outras atividades consideradas ilegais pelo regime do apartheid. Por outro lado, alguns negros também passaram a acumular por se tornarem trabalhadores qualificados ou semiqualificados. Nos anos 1970 e 1980, com o fim das leis discriminatórias, negros surgiram como empresários, com suporte corporativo. Com o fim do estatuto dos bantustões, foram criadas oportunidades nas áreas rurais, momento em que muitos negros usaram suas posições – de liderança ou de aliados dos líderes – para criar negócios lucrativos e muitas vezes corruptos. O mesmo ocorreu nas áreas urbanas. Cada vez mais a sociedade sul-africana seria definida pela classe em detrimento da raça.

Há um componente que caracteriza a história da África do Sul nos três últimos séculos: a violência. A conquista do poder político no país ocorreu pela força militar, estrangeira e local, para controlar os padrões de trabalho e institucionalizar e perpetuar a exploração nativa. Essa situação causou danos sociais talvez irreparáveis, dado que crianças – especialmente negras – vivem em uma cultura de violência. Essa tendência foi redimensionada nos anos 1970 com o aumento da violência estatal e das lutas de libertação. Não seria demais lembrar que os holandeses utilizavam de extrema agressividade para manter seus escravos subservientes, e que os comandos trekbôeres eram utilizados para quebrar a resistência dos khoisan, com vistas a expandir a colônia. Depois, vieram as décadas de humilhação sob as leis britânicas, que quebraram completamente a resistência dos povos nativos, sem falar na violenta guerra contra os bôeres. O trabalho insalubre nas minas e os baixos salários; as leis de contenção de fluxo migrante de Verwoerd, quando milhares de pessoas foram retiradas das áreas urbanas e literalmente jogadas nas reservas; a Educação Bantu; a criação de um sistema de criminalização que enquadrou gerações de jovens; a violência policial contra as pessoas comuns, que poderiam ser espancadas e mortas simplesmente por serem negras; a miséria dos bantustões e as doenças – crime, violência, pobreza e um Estado falido – essa é a herança deixada ao governo democrático do CNA.

Desde o início da luta revolucionária, havia duas perspectivas: a da revolução social (que buscava destruir o sistema) e a da libertação nacional (que desejava a democracia, o bem-estar e a "inclusão" no sistema). Embora essas duas perspectivas tenham sido complementares em vários momentos, um dos fatores que acabaram por decidir a prevalência de uma sobre a outra foi a mudança da conjuntura mundial e a contenção (e inércia) da esquerda, que aceitou os limites impostos para ascender ao poder. Contudo, superar a própria história sem prejudicar os interesses dos brancos se tornou a tarefa do CNA. Por outro lado, se os revolucionários sul-africanos viram frustrados todos os seus esforços em tornar a África do Sul livre da exploração, os brancos tiveram de se conformar com o novo papel assumido pelos negros e seus aliados. A democracia, em nível político, foi conquistada, mas não em nível econômico. Agora, resta saber o que a África do Sul fará com a sua liberdade.

Referências bibliográficas

BARRELL, H. *MK*: The ANC's Armed Struggle. Johannesburg: Penguin, 1990.

BOEHMER, E. *Nelson Mandela*. A Very Short Introduction. New York: Oxford University Press, 2008.

BRINK, E. et al. *Soweto*. 16 June 1976. Personal Accounts of the Uprising. Cape Town: Kwela Books, 2001.

BROWN, M. B. *A economia política do imperialismo*. Rio de Janeiro: Jorge Zahar, 1978.

BUTLER, Anthony. *Contemporary South Africa*. New York: Palgrave Macmillan, 2004.

CARLSNAES, W.; MULLER, M. *Change and South African External Relations*. Johannesburg: Thomson, 1997.

CHAZAN, N. et al. *Politics and Society in Contemporary Africa*. Boulder: Lynne Rienner Publishers, 1992.

CHERRY, J. *Umkhonto we Sizwe*. Johannesburg: Jacana, 2011.

CORNEVIN, M. *Apartheid, poder e falsificação histórica*. Lisboa: Unesco, 1979.

DÖPCKE, W. Uma nova política exterior depois do apartheid? Reflexões sobre as relações regionais da África do Sul. *Revista Brasileira de Política Internacional* (RBPI), Brasília, n.41, 1998.

EVANS, G. Novos vizinhos: reflexão sobre a nova política mundial contemporânea da África do Sul e do Brasil. In: GUIMARÃES, S. (Org.). *Brasil e África do Sul*: riscos e oportunidades no tumulto da globalização. Brasília: Ipri/Funag, 1996.

FIELDHOUSE, R. *Anti-Apartheid*: A History of the Movement in Britain. London: The Merlin Press, 2005.

GELB, S. *South Africa's Economic Crisis*. Cape Town: Davis Philip, 1991.

GELDENHUYS, D. *The Diplomacy of Isolation*: South Africa Foreign Policy Making. Braamfontein: Macmillan, 1984.

GUIMARÃES, S. P. (Org.). *África do Sul*: visões brasileiras. Brasília: Capes/ Ipri/Funag, 2000.

HENTZ, J. J. *South Africa and the Logic of Regional Cooperation*. Bloomington/Indianapolis: Indianapolis University Press, 2005.

IHEDURU, O. *Anglo Licks the ANC's Boots'*: Globalization and State-Capital Relations in South Africa. London: African Affairs/Oxford University Press, 2008.

_____. *Black Economic Power and Nation-Building in Post-Apartheid South Africa*. Cambridge: Journal of Modern African Studies/Cambridge University Press, 2005.

JEFFERY, A. *People's War*. New Light on the Struggle for South Africa. Johannesburg/Cape Town: Jonathan Ball Publishers, 2010.

KI-ZERBO, J. *História da África Negra*. Portugal: Publicações Europa-América, 1999. v.2.

KONDLO, K.; MASERUMULE, M. (Eds.). *The Zuma Administration*. Critical Challenges. Cape Town: Human Sciences Research Council Press, 2010.

KORNEGAY, F.; DADA, J. (Orgs.). *A África do Sul e o IBAS*: desafios da segurança humana. Porto Alegre: Editora da UFRGS/FUNAG/MRE, 2007. (Coleção Sul-Africana/CESUL)

LANDSBERG, C.; LE PERE, G.; NIEUWKERK, A. V. (Eds.). *Mission Imperfect*: Redirecting South Africa's Foreign Policy. Johannesburg: Foundation for Global Dialogue/Centre for Policy Studies, 1995.

LIPTON, M. *Capitalism and Apartheid*: South Africa (1910-1986). London: Aldershot, 1986.

MENDONÇA, H. M. Política externa da África do Sul (1945-1999). In: GUIMARÃES, S. P. (Org.). *África do Sul*: visões brasileiras. Brasília/São Paulo: IPRI/Alexandre de Gusmão, 2000.

MILLS, G. (Ed.). *From Pariah to Participant*: South Africa's Evolving Foreign Relations (1990-1994). Johannesburg: South African Institute of International Affairs, 1994.

PAGE, S. *Some Implications of the SADC Trade Protocol*. Johannesburg: Trade and Industry Policy Secretariat, 1997.

OMER-COOPER, J. D. *History of Southern Africa*. Oxford: James Currey; New Hampshire: Hernemann; Cape Town: David Philip, 1994.

PEREIRA, F. J. *Apartheid*: o horror branco na África do Sul. São Paulo: Brasiliense, 1986.

POSEL, D. The Meaning of Apartheid Before 1948: Conflicting Interests and Forces within the Afrikaner Nationalist Alliance. *Journal of Southern African Studies*, v.14, n.1, 1987.

ROSS, R. *A Concise History of South Africa*. Cambridge: Cambridge University Press, 1999.

SIDAWAY, J. D.; GIBB, R. SADC, COMESA, SACU: Contradictory Formats for Regional Integration. In: SIMON, D. (Ed.). *South Africa in Southern Africa*: Reconfiguring the Region. Oxford: James Currey; Athens: Ohio University Press; Cape Town: David Philip, 1998.

SIMON, D. (Ed.). *South Africa in Southern Africa*: Reconfiguring the Region. Oxford: James Currey; Athens: Ohio University Press; Cape Town: David Philip, 1998.

SINGER, P. I. A política econômica externa da África do Sul. In: GUIMARÃES, S. (Org.). *África do Sul*: visões brasileiras. Brasília: Ipri/Funag, 2000.

SLOVO, J. *África do Sul*: um só caminho. Lisboa: Editorial Caminho, 1976.

TERREBLANCHE, S. *A History of Inequality in South Africa 1652-2002*. Pietermaritzburg: University of Natal Press/KMM Review Publishing, 2005.

UKRUMAH, K. *Neocolonialismo*: último estágio do Imperialismo. Rio de Janeiro: Civilização Brasileira, 1967.

UNDERSTANDING Apartheid. Learner's Book. Cape Town: Oxford University Press/Apartheid Museum, 2006.

VINES, A. Small Arms Proliferation: A major Challenge for Post-Apartheid South and Southern Africa. In: SIMON, D. (Ed.). *South Africa in Southern Africa*: Reconfiguring the Region. Oxford: James Currey; Athens: Ohio University Press; Cape Town: David Philip, 1998.

VIEIRA, S.; MARTIN, W.; WALLERSTEIN, I. *How Fast the Wind?* Southern Africa (1975-2000). Trenton: Africa World Press, 1992.

VISENTINI, P. *A África Moderna*. Um continente em mudança (1960-2010). Porto Alegre: Leitura XXI, 2010.

_____. *A África na Política Internacional*. O Sistema Interafricano e sua Inserção Mundial. Curitiba: Juruá, 2010.

VISENTINI, P.; PEREIRA, A. D. *África do Sul*: História, Estado e Sociedade. Brasília: Funag, 2010.

VISENTINI, P. F.; RIBEIRO, L. D.; PEREIRA, A. D. *Breve História da África*. Porto Alegre: Leitura XXI, 2007.

WALLERSTEIN, I.; VIEIRA, S. Historical Development of the Region in the Context of the Evolving World-System. In: VIEIRA, S.; MARTIN, W.; WALLERSTEIN, I. *How Fast the Wind?* Southern Africa (1975-2000). Trenton: Africa World Press, 1992.

Coleção Revoluções do Século 20
Direção de Emília Viotti da Costa

A Revolução Alemã [1918-1923] – Isabel Loureiro

A Revolução Argelina – Mustafá Yazbek

A Revolução Boliviana – Everaldo de Oliveira Andrade

A Revolução Chilena – Peter Winn

A Revolução Chinesa – Wladimir Pomar

A Revolução Colombiana – Forrest Hylton

A Revolução Cubana – Luis Fernando Ayerbe

A Revolução Guatemalteca – Greg Grandin

A Revolução Iraniana – Osvaldo Coggiola

A Revolução Mexicana – Carlos Alberto Sampaio Barbosa

A Revolução Nicaraguense – Matilde Zimmermann

A Revolução Peruana – José Luis Rénique

A Revolução Portuguesa – Claudio de Farias Augusto

A Revolução Salvadorenha – Tommie Sue-Montgomery e Christine Wade

A Revolução Venezuelana – Gilberto Maringoni

A Revolução Vietnamita – Paulo Fagundes Visentini

As Revoluções Africanas – Paulo Fagundes Visentini

As Revoluções Russas e o Socialismo Soviético – Daniel Aarão Reis Filho

SOBRE O LIVRO

Formato: 10,5 x 19 cm
Mancha: 18,8 x 42,5 paicas
Tipologia: Minion 10,5/12,9
Papel: Off-white 80 g/m² (miolo)
Cartão Supremo 250 g/m² (capa)
1ª edição: 2012
2ª reimpressão: 2020

EQUIPE DE REALIZAÇÃO

Assistência Editorial
Olivia Frade Zambone

Edição de Texto
Sâmia Rios e Rafaela Lunardi (Copidesque)
Elisa Andrade Buzzo (Preparação)
Goretti Tenorio (Revisão)

Editoração Eletrônica
Eduardo Seiji Seki (Diagramação)

Projeto Visual
Ettore Bottini (capa e miolo)

Capa
Megaart

Foto da Capa
Militares sul-africanos carregam caixões de vítimas do apartheid, 1985. Latinstock/© Louise Gubb/CORBIS SABA/Corbis (DC)

Impresso por :

Graphium
gráfica e editora

Tel.:11 2769-9056